いじめ・ジェンダーと道徳教科書
どう読む、どう使う

大和久 勝
今関 和子 ―著
笠原 昭男

Masaru Oowaku
Kazuko Imazeki
Akio Kasahara

クリエイツかもがわ
CREATES KAMOGAWA

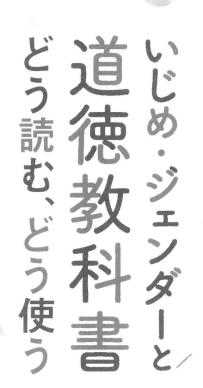

はじめに

道徳教育は、①日常に展開される道徳指導、②取り立ての道徳指導の二つで成り立ってきました。前者は、教科や教科外活動の中で進められてきた「生活指導（集団づくり）」です。後者は「道徳の時間」や「総合的学習の時間」「教科学習」などによって実践されてきました。道徳教育の全体の姿は、「道徳の時間」が「特別の教科　道徳」となっても大きく変わるものではありません。「特別の教科　道徳」の登場によってほかが要らなくなるわけではありません。

道徳教育の中心を担ってきた「生活指導（集団づくり）」実践は、今後ますます大切さを増してきます。それは、子どもの成長・発達をめぐる問題状況の深まりがあるからです。地域、家庭、学校の変化の中で、子どもたちの変化もつくられています。20年前、30年前と比べ、個々の子どもの生きづらさは増しています。私たちの「生活指導（集団づくり）」をどのように展開していったらよいかという研究は、これからの道徳教育をつくりだしていく上で非常に大事なことです。一方、道徳の教科化により、教科書が押し付けられます。教科書がある以上無視できませんので、教科書をどう使うか、道徳の授業をどのように進めていくのかなども考えたいことです。

小学校では、２０１８年度から、教科書を使用しながらの「特別の教科　道徳」の授業が始まっています。そして、中学校でも、２０１９年度からスタートしました。いままでは、教科書はありませんでしたから、比較的自由に授業が展開されていました。価値項目の押し付けのようなことは少なかったのですが、教科書を見てみると、そうも言っていられないと感じました。

教科書のある中での道徳の授業は、まず教科書教材の分析からスタートしていきます。教科書を批判的に読むことができなければ、子どもにとんでもないことを教え込んでしまうこともあります。教科書教材の分析とともに、「考え、議論する」道徳の授業展開の方法も研究していかなければなりません。

私たちは、小学校と中学校の数多くの教科書に目を通しながら、論議してきました。その中で、いじめの問題と人権の問題に関わる教科書教材の問題点をまず見つけました。さらに、法やきまり、義務と権利、家族に関わる教材にも問題点を見つけました。そうした教科書教材の問題点を見つけ、討論を積み重ね、一年以上になります。月2回の研究会を開いてきましたから、延べ20回以上になります。そして、いま、私たちの研究の成果を、こうした形でまとめることができました。

第1章（大和久執筆）は、「どうする？これからの道徳教育」というタイトルで、「特別の教科　道徳」の背景を明らかにし、どのような対抗軸を考えていったらよいかをまとめました。今までの道徳教育を整理し、道徳教育の基本を憲法に求めました。同僚や保護者、子どもたちとの共同の観点も示しました。

第2章（笠原執筆）は、いじめ問題はどのように対応したらよいかをもとに、教科書教材の問題点を明らかにしています。大津市中2いじめ自殺事件の第三者委員会の報告から、いじめ教材分析の視点をもち、教科書教材の不十分さや問題点を整理しています。

第3章（今関執筆）は、ジェンダーの視点から、教科書教材の中にみられる人権問題を解析しています。女性・弱者の人権がどう扱われているのか、三つの視点で教材の批判検討をしています。

どの章もそれぞれの責任執筆ではありますが、繰り返し討論をして何度も書き換えながらまとめ上げたものです。まだ不十分な点があるとも思っています。忌憚のない批判もぜひいただきたいと思います。

今回は、中学校教科書の批判的読みが中心になっていますが、小学校、中学校に共通した問題・課題を明らかにしているものです。昨年4月、小学校の教科化にあわせて刊行した『どうする？　これからの道徳』（大和久、今関、小座野、村石　共著）とあわせて読んでいただけると幸いです。小学校、中学校の両方にわたっての道徳教科書の問題点と授業展開の方法などが理解できると思います。

２０１９年8月

大和久　勝

CONTENTs

第1章

どうする？これからの道徳教育

――「特別の教科　道徳」への対抗軸を考える

いじめ・不登校、虐待、貧困・格差、低学力など、子どもと教育をめぐる状況は深刻です。そんな中、「道徳の教科化」によって、子どもたちの人格形成は、ますますおかしなものになっていきそうです。未来社会を担う子どもたちを育てていくために、私たちはどうしたらよいでしょうか。これからの道徳教育について一緒に考えていきたいと思います。

1 「特別の教科　道徳」は、どのような子どもを育てようとしているか？

1●道徳の教科化は、誰のため、何のため？

「特別の教科　道徳」は、いじめ問題の深刻化をバックとしたいじめ対策を口実に登場しました。2013年2月、第2次安倍政権による「教育再生実行会議」が、大津いじめ事件に対応する形で道徳の教科化を主たる内容とする「提言」を発表してから、「道徳教育の充実に関する懇談会」審議を経て、2014年の「中教審答申」になりましたが、実に早い展開でした。第1次安倍政権の時にも、教科化への諮問があったのですが、実現しませんでした。

今回、いじめ問題に絡めて道徳の教科化を主張する形をとっていましたが、安倍政権にとっては「はじめに道徳の教科化ありき」で、それがいじめ対策につながるという論法は、後付けの理由にすぎなかったのです。

では、道徳の教科化は、いったい誰のため、何のために考えられているのでしょうか。2006年の新教育基本法の成立によって、国がめざす道徳教育の方向が定められました。第二条（教育の目標）で、公共の精神、伝統と文化、愛国心、郷土愛などが強調され、国家が要請する「徳目教育」を推し進めようと企てられました。新学習指導要領では、細分化された内容項目について、「指導の観点」を示しています。小学校は、低学年19項目、中学年20項目、高学年22項目、中学校22項目です。

私たちが危惧するのは、「…をしなければならない」「…のように生きなければならない」「…のような考え方をすることが望ましい」というような考え方・生き方の押し付けになってしまわないかということです。押し付けられたところで、子どもたちの生きる力にはなっていきません。伝統と文化、愛国心、郷土愛など国家の要請する「徳目」の押し付け、繰り返しの刷り込みなどによって、子どもの心を束縛してしまう危険も含まれています。

検定教科書によっての縛り、さらに評価導入による束縛の危険もあります。徳目を上から押し付けられ、人格を評価されていくことになったら、子どもたちの心の自由は約束できるのでしょうか。私たちは、教科書内容を吟味し、授業を改革しながら、子どもの生きる力につながる道徳教育をすすめていくことが求められています。

2●森友学園問題と道徳の教科化

2017年、大変わかりやすい事件が起きました。これはしっかり分析しておくことが大事だと思いました。

「日本が他の国々に負けぬよう尖閣列島、竹島、北方領土を守り、日本を悪者として扱っている中国、韓国が心改め、歴史教科書でうそを教えないよう、お願いいたします。安倍首相がんばれ！　安倍首相がんばれ！　安保法案、国会通過、よかったです！」
運動会の選手宣誓で幼稚園児たちに「安倍首相がんばれ！」と連呼させているビデオ映像が、日本国中の茶の間に流されて時の話題となりました。多くの人がその異常さに目を疑いました。これは、日本の人々のごく普通の感覚です。

安倍首相本人は、問題発覚当初の国会答弁で「私の考え方に非常に共鳴している方だ」「妻から、森友学園の先生の教育に対する熱意は素晴らしいという話を聞いている」と言っていました。それが、後には、教育基本法に違反するのではないかという指摘を受け、『『安倍総理がんばれ』とか、園児に言ってもらいたいということはさらさらないし、私は適切ではないと思う」「森友学園で行われている教育の詳細はまったく承知していない」と言い訳をして、責任を逃れようとしました。

大阪豊中市内に新設予定の小学校の名誉校長に就任（問題が国会に出る前に辞任）していた安倍首相の妻昭恵氏が2015年9月、幼稚園で行った講演で「この幼稚園でやっていることが本当にすばらしいんですけども、それがこの幼稚園で終わってしまう。ここから普通の公立の学校に行くと、普通の公立の学校の教育を受ける。せっかくここまで芯ができたものが、またその学校に入った途端に揺らいでしまう」（テレビ東京のニュース映像）と語っていました。

「断り切れなくて名誉校長に就任した」と言いますが、「籠池園長・副園長の熱い思いを聞いて、私も役に立てればいいと思っていました」「こちらの教育方針は大変主人もすばらしいと思っていた」など、学園への強い思い入れを語っていました。

3 本音が見え隠れしている・その行く先は？

安倍首相は国会答弁の中で森友学園の教育について「しつけをしっかりする、伝統や文化を大切にする。日本の歴史についても大切にしている」と述べていました。

森友学園は、どのような教育方針をもっているのか。その中でも、際立っているのが「教育勅語」の素読。映像によると、幼稚園の修了証書授与式で、園児が教育勅語を暗唱する姿が記録されています。実に驚きの映像です。「教育勅語」とは、天皇を頂点とする秩序をめざし、教育の基本理念を示したもので、「我が臣民」「皇室国家につくす」（現代語訳で）といった表現があり、「万一危急の大事が起こったならば、大義に基づいて勇気を奮い一身を捧げ」とも記されていて、ここの部分も園児たちは声にしていたと言います。

さて、国会答弁ではどのようなことが言われたのでしょうか。文科省の藤江陽子・大臣官房審議官は、2月23日の国会審議で「教育勅語を我が国の唯一の根本理念として、戦前のように学校教育に取り入れて指導することであれば適当ではない」と説明する一方、「教育勅語の中には、今日でも通用するような普遍的な内容も含まれている。適切な配慮の下に、していくことは差し支えない」と述べました。

「教育勅語」は、終戦後の1948年、衆参両院が排除・失効の確認をしているのですが、いままでにも、「教育勅語」を称賛する大臣が何人もいました。最近では、稲田朋美防衛大臣が在任中に、国会答弁で「日本が道義的国家をめざすその精神は取り戻すべきだ」と言いました。

自民党議員の約240人が「日本会議」の国会議員懇談会に名を連ね、閣僚の大半がメンバーです。その日本会議の大阪支部の役員であった籠池学園長への肩入れは特別なものでした。異常な安価で国有地が売却された事実を見れば明らかです。政権の驕りといえばそうかもしれませんが、一連の動きを見ると日本会議の目標である「憲法改正」と強く結びついていることがわかります。

稲田元防衛大臣の言動は、国会でも問題にされましたが、日本会議の集会での発言は「教育勅語」を擁護する本心が表されています。「国民の一人ひとり、みなさん方一人ひとりが、自分の国は自分で守る。そして自分の国を守るためには、血を流す覚悟をしなければならないのです」と絶叫しています（ユーチューブで動画で見ることができます）。

日本会議、そして自民党がめざす憲法改正と06年教育基本法改定、道徳の教科化は連動しています。森友学園問題は、非常に象徴的な事件なのです。

戦争法に続く道徳の教科化、その先に、憲法改正、徴兵制などが見えてくるのです。子どもたちの幸せの方向とは真逆です。

4●入り口は愛国心の押し付け？

２０１７年2月、政府は、２０１８年からの保育所保育指針改定案を公表しました。そこには、3歳以上の幼児を対象に、「保育所内外の行事において、国旗に親しむ」「正月や節句など日本の伝統的な行事、国歌、唱歌、わらべうたや日本の伝統的な遊びに親しむ」と盛り込まれています。どんな子どもを育てようとしているのかがよくわかります。

幼稚園については、文科省が「幼稚園教育要領」改定案（２０１７年）で、現行にある「国旗」に加えて「国歌」にも「親しむ」としました。こうした動きの背景には、２００６年の教育基本法改定があります。改定では、「伝統、文化の尊重」が盛り込まれました。「家族愛」「郷土愛」「愛国心」と結びついています。それは、「特別の教科　道徳」の指導内容の骨格ともなっています。

「君が代」の歌詞は「天皇の世の中が未来永劫続きますように」というもので、主権在民という国のあり方に真っ向から反する内容です。1999年、国旗国歌法制定の際に国民世論は二分し、政府は「義務付けは行わない」「無理強いして斉唱させれば内心の自由に関わる」と繰り返し答弁しました。ところが自民党政権は、その後、こうした約束を踏みにじり、小中高校での強制をエスカレートさせました。

安倍政権は、2016年、大学への「日の丸・君が代」の押し付けを開始し、今度はついに幼児教育まで広げているのです。歌詞の意味もわからない子に「わらべうた」のように「君が代」を歌わせるのです。幼児には「国」とは何かも理解できません。幼い子どもたちに「君が代・日の丸」への愛着を刷り込もうというのがねらいです。

これは憲法19条「思想良心の自由」に反しています。幼児の心を都合よく操作することになります。幼児期にそうしたことを繰り返せば、どうなるのでしょうか。私たち誰もが求める「主体的な子ども」「自主的に判断できる子ども」「主権者としてふさわしい力をもつ子ども」を育てることになるのでしょうか。まったく違います。偏狭な「愛国主義」を助長する点でも重大です。

5 「教育勅語、使える分野は十分にある」という文科相発言は？

2018年10月2日、安倍内閣改造で就任したばかりの柴山昌彦文部科学大臣が、就任あいさつで、さっそく物議を醸しだしました。教育勅語の認識を問われ「道徳などに使うことができる分野は十分にある」と述べました。発言のきっかけは、柴山氏が8月、ツイッターに「戦後教育や憲法のあり方がバランスを欠いていたと感じています」と投稿したことからです。就任会見で趣旨を聞かれ「戦前は義務や規律が過度に強調されたことへの反動として自由や権利に重きを置いた教育、個人の自由を最大の価値とする憲法が制定された」とし、「権利とともに、義務や規律も教えていかなければならない」と述べました。さらに、過去の文科相が教育勅語を「(中身は)至極まっとう」と評価したことについて問われ「現代風に解釈され、あるいはアレンジした形で、道徳などに使うことができる分野というのは十分にある」と発言しました。使える部分として「同胞を大切にするとか、国際的な協調を重んじるとか、基本的な記載内容」を挙げました。

安倍内閣は2017年3月、「憲法や教育基本法などに反しない形で教材として用いることまでは否定されるものではない」という答弁書を閣議決定しています。さて、今後この問題はどのような展開を見せるのでしょうか。目を離すことはできません。「教科道徳」で強調されていることと、文科相の話とが符合しています。さらに、戦後に国会で失効が決議されている「教育勅語」そのものを教材として使えるのではないかという提案がなされているのです。

「発言」の意味するものを正しくとらえていきたいと思いますが、いかがでしょうか。教育勅語の本質は、「一旦緩急あれば義勇公に奉じ以て天壌無窮の皇運を扶翼すべし」という言葉に示されています。「重大事態があれば天皇のために命を投げ出せ」ということです。また、いまにも通じるとしてよく取り上げられる「父母に孝に」「夫婦相和し」などは、子は親に、妻は夫に絶対的に従うべきという考えに基づく「徳目」で、「個人の尊厳」「両性の平等」などを定めた日本国憲法と相いれないものです。

2 私たちが考えてきた道徳教育の姿は、これからも変わらない

私たちが求めてきた道徳教育とは何でしょうか。それは、「子どもの民主的人格形成」「ものの見方・考え方、行動のし方、生き方」でした。私たちが教科・教科外を貫いた生活指導実践を通して求めて来たものでした。

私は、30数年の小学校教員の経験がありますが、多くの小中学校教員は「学校における道徳教育は、学校の教育活動全体を通じて行うもの」という見解の下で、子どもに道徳指導を進めてきました。子どもたちに、現在と未来を生きる力と主権者としての力量を育てようとしてきました。教科の指導と教科外の指導を通して、子どもたちの人格形成に寄与してきました。そうした結果としての道徳教育でした。それが、本来の道徳教育の姿でした。私たちは、「生活指導」こそ、道徳教育の中心を担うものだと考えてきました。

1 ● 生活指導を通してどのような道徳性を育ててきたか

私たちは、教科・教科外の教育活動を通して、子どもたちの成長・発達を考えてきました。両者に通じるものが、「生活指導（集団づくり）」でした。これからも、その重要さは変わりません。私たちはその「生活指導（集団づくり）」の中でどのような子どもを育てようとしてきたのでしょうか。どのようなことを子どもたちに教えようとしてきたのでしょうか。道徳が教科となった今こそ、そのことを同僚や保護者と確かめ合う必要があるのだと思います。

私は、次のように整理したことがあります。学級経営方針や保護者会での資料、子どもに向けたメッセージなどに使ってきました。私たちは「教科・教科外」「生活指導（集団づくり）」を通して子どもたちの人格形成（道徳性を育む）に関わってきたのです。

〈生活指導を通してどのような道徳性を育ててきたか〉

① 自分を大切にできる。友だちのことも大事にできる。
② 友だちが困っていることに気づいたら、耳を傾けたり、話しかけたりできる。
③ 困っているときは遠慮せずに、周りの友だちやおとなに相談できる。
④ 友だちが困っているときには助けることができる。
⑤ 人との関わり・交わりのちからを育てる。
⑥ 自分に不利益なことには黙っていない。損だと思ったことやいやだと感じたことは勇気をもって口に出してみる。
⑦ みんなで決めたことはみんなで守る。決めたことに問題があればつくりかえることもできる。
⑧ 自分の意見をもち、話し合いに参加していくことができる。
⑨ 相手に自分の考え・意思を伝えることができる。相手の考えや意見を聞くこともできる。
⑩ 相手の立場を考えることができる。
⑪ 他の人の権利を侵害しない。
⑫ 他の人を差別・排除・抑圧しない。いじめは、人権侵害。

⑬ 自分たちの権利を自覚し行使できるようになる。
⑭ 集団の目標は与えられるものでなく、自分たちで考えるものだということを知る。
⑮ 集団の目標に向けての協力の大事さを理解し行動する。
⑯ 学び合うことの大事さを理解し、学習に参加していく。
⑰ 自治的な能力を育て、民主的な行動がとれるようにする。学級・学校の自治を大事にして参加していくことができる。
⑱ 真理・正義を追求できる。行動できる。
⑲ 暴力を否定し、話し合い・対話を大事にする。
⑳ 自然を守ること、生命を尊重することの大事さを知る。
㉑ 何よりも平和を大事にし、平和を求めていくことができる。
㉒ 民主主義社会を支える主権者としての自覚と能力を高めていく。

考えれば、もっとあるはずです。これだけ大事なことを、「生活指導（集団づくり）」は行動を通して教えてきているのです。このことに、確信をもつことです。

2●日常に展開される指導と取り立てての指導

私たちが考えてきた道徳教育は、〈日常に展開される道徳指導〉と〈取り立ての道徳指導〉の二つのどちらも大事にすることです。〈日常に展開される道徳指導〉とは、教科や教科外の中で進められている「生活指導」のことです。〈取り立ての道徳指導〉とは、「道徳の時間」や「総合的学習の時間」「教科学習」などによって実践されてきました。今まで長く、私たちは「特設道徳」を批判してきましたが、一方で、「学び」としての道徳を確立していくことの大事さも指摘してきました。

子どもたちが、人権尊重や自立、平和を柱にした道徳をしっかり身につけてほしいと誰もが願っています。そのために、日常的な営みとしての「生活指導」がありますが、価値ある資料などを使って学び合う「授業時間」もまた有効であることを知っています。たとえば、私たちの考える「取り立ての道徳指導」の計画は次のようでした。

〈取り立ての道徳指導〉（2001年）

① 人権尊重、自立、平和を柱として考える。
② 子どもの生活現実、学級実態をふまえたものとする。
③ 一定の期間と一定のテーマを作り出す。継続的指導による重点化を図る。
④ 発達段階を十分考慮しながら、発達課題に迫る。
⑤ 自主編成を基本とする。
⑥ 副読本の活用、テレビ・ビデオの活用、新聞記事、雑誌記事などからも資料を発見していく。子どもの作文、日記などは、好適な資料となる。
⑦ 子どもの日常生活におけるトラブル、事件を教材とする。

キーワードは、「生活と道徳の結合」です。このことの大事さは、「特別の教科」となり教科書がつくられても、変わらない「学び」の原則になります。

3●取り立ての指導実践

私は、毎年、副読本やテレビ活用による計画のほかに、二つの方向を立てて、自主編成を考えてきました。一つは、子どもの実態、学級活動の中から生じてくる問題を教材化するということです。もう一つは、一定期間継続してテーマを追求していくものを見つけるということでした。

前者は、「生活指導（集団づくり）」実践の中で生じてくるさまざまな問題の中で、一定の準備をして行う「話し合い」や「討論集会」などを、道徳時間として位置づけました。「よびすてについて考える」「男の子と女の子」「学級憲法を考えてみよう」「いじめをなくそう」「ルールを守ろう」などです。

後者は、数時間かけて、一つのテーマを追い、流れのあるカリキュラムを立てていきます。例えば、「コミュニケーション力を育てる」「他者理解・自己理解」「他者と共に生きる力を育てる」など、まとまった時間設定を中心に据えて計画実施したことがあります。また、「性の問題を考えよう」「障害について理解しよう」「世界の子どもたちのことを知ろう」「戦争と平和について考えよう」「地球の環境問題を考える」「子どもの権利条約を学ぶ」などをテーマに、調べたり話し合ったりする活動を中心にしたものもありました。学年道徳や全校道徳などの試みもありました。こうした今までの実践内容や試みは、これからも生かされていきます。取り立ての道徳指導が、「道徳の時間」を使っての学びから「教科道徳」による学びとなっただけです。

3 道徳の基本はどこに？

1●道徳の本質は何か

子どもたちがどのような成長・発達を遂げていけるかは、その環境によって決まっていきます。環境の中に、家庭や地域や学校や社会が含まれます。そこにいるおとなたちの生き方、考え方、行動のし方によって左右されます。明治以降、とりわけ大日本帝国憲法と教育勅語がつくられてからは、天皇制国家を維持していくために「修身科」という教科によって道徳教育がすすめられましたが、それ以前には藩校や寺子屋で教えられていたものがありました。武家諸法度や論語などであり、士農工商という封建制度を支えるものでした。さらにさかのぼれば、仏教の教え、村という共同体の教えなどになります。

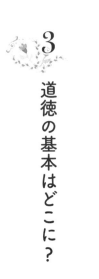

明治期、近代公教育が誕生し、修身科もつくられましたが、当初は教師の訓話が中心であり、子どもの行動のし方や考え方、生き方の大本は、家を含む地域社会から学んでいたものです。生き方の価値は、それぞれの時代を生きる人々の間で葛藤を繰り返し、新しいものが生まれてもきました。人間の歴史そのものであると言えるように思います。

いまは民主主義の社会です。国民主権の世の中です。封建社会でもなければ、天皇制国家社会でもありません。だとすると、現在の社会にふさわしい生き方、考え方が育てられなければなりません。民主主義社会を築いていくちからが、万人に求められています。主権者としての「民主的人格の形成」が道徳教育の主たる目標になるのは当たり前のことです。

2●道徳の基本は憲法にある――何を教えるべきか

日本国憲法は、三つの項目を基本原則として定めています。

①　国民主権
②　基本的人権の尊重
③　平和主義

これら三つの基本原則は、戦前日本の軍国主義政治の反省の上に立ち、70年以上の戦後日本の価値観として受け止められてきたものです。そうした基本原則に沿った道徳的価値観が求められるのだと思います。

いま、「特別の教科　道徳」を通して教えられようとしていることが、憲法の三つの基本原則に矛盾していないか、不足しているものはないか、指導要領の内容、教科書の内容に問題はないかなど、検討してみるべきことは多くあります。無批判であっていいわけがありません。時の政治の意図に操られて行ってはならないものです。問題点に気づいたら、改善していかなければなりません。それは私たちにできます。

まず、日本国憲法に関わってみれば、学習指導要領や教科書内容の中には明らかに足りない所が見えてきます。

① 国民主権の原則を見たとき、必要な主権者教育ができているでしょうか。主権者にとって重要な統治能力、自治能力を形成する方向に向いているでしょうか。見えるのは、法・ルールを遵守することへの誘導のみです。自治を自ら築き上げていくという方向性に向いていません。

② 基本的人権を見たときに、教科の指導内容に足りないのは「人権教育」です。例えば、権利と義務をめぐっての教材がどの教科書にもありますが、権利というものを義務と抱き合わせで提示しているだけで、権利についての言及がほとんどありません。義務と権利を対立的にとらえているのも大変気になります。

③ 教材の中に、人権にかかわることが多くありながら、人権を抑制する方向へ流れていっています。性の問題にも、正面から向き合っていません。異性への理解が論じられる程度で、性の理解や性の多様性の承認などに迫ることはできていません。性差別の問題、男性優位の社会の問題など、道徳(生き方)のテーマであるべきものが、取り上げられていません。

④ 勤労についても、よく取り上げられているのですが、方向が怪しいものが多くあります。すすんで働く、汗して働く、人のために働くなどが強調されています。勤労の義務も言われます。憲法27条、28条は義務でもある労働の中に存在する権利を保障しています。労働基本権の保障が規定されています。

⑤ 平和主義の問題からも逃げています。平和が戦争や暴力に対抗するものであることや平和が何よりも大切であることなどに言及していません。平和への希求、努力は、道徳教育の基本ではないでしょうか。戦争や暴力の問題をもっと積極的に取り上げるべきではないでしょうか。

この三つの基本原則にもっとこだわってみようではありませんか。教材分析の視点としてもつほか、自主教材を活用することも視野に入れたらどうでしょうか。今までの戦後の教育実践として築き上げられてきた平和教育、人権教育、性教育などの成果を、これからの道徳教育の中にも生かしていくことが求められています。

ところが、いま、私たちは、国によって決められた「徳目」を教えることを義務づけられたのです。それが、22の価値項目（指導内容）に示されました。では、それが妥当なものなのでしょうか。指導内容を批判的な目で見ていくことは、大切なことです。私たち自身が、徳目と指導内容の押しつけに抵抗できなければ、子どもたちを守ることはできません。

4 教科書のあるこれからの授業づくり

1●教科書のなかった今までの道徳の授業は？

今までの特設道徳「道徳の時間」では、教科書がありませんでした。副読本が中心でしたが、一律に決められていたわけではありません。各学校に「年間計画」はありましたが、それをもとにしながらも、自主的に教材選びなどを行っていました。地域による温度差はありましたが、教材、内容などが義務づけられていた例は少なかったと思います。「心のノート」や「私たちの道徳」を主要な教材とした地域もありましたが、数多くではありませんでした。

だから、比較的、自由に道徳の時間を使うことができていました。人権教育、平和教育、性教育などを積極的に進めていた地域や学校もあります。そして、授業の特質は、価値項目の押しつけにはなっていませんでした。どの子の考えも否定されずに受け止められました。自由な思考と発言が保障されていました。多くの人が進めていたのが「話し合い考え合う道徳」でした。私が編集に関わっていた日本標準の副読本は『みんなで考える道徳（小）』『みんなで生き方を考える道徳（中）』という表題でした。

『考える道徳』の副読本では、読み物教材が中心の従来の副読本に多彩な要素を入れました。「話し合い考え合う道徳」にするためでした。子どもの権利条約を紹介したり、環境問題を考える資料を集めたり、生命の誕生について学ぶ教材、人権を考える資料、ユニセフ教材、エンカウンター教材、モラルジレンマ教材などを使いました。

私自身は、本の読み聞かせをしたり、映画鑑賞をしたりしました。映画では、ジブリ作品や、「ネバーエンディング・ストーリー」「オズの魔法使い」や「トイ・ストーリー」など、心に染み入る作品が多くありました。一緒に見終わった後は話し合いや感想文づくりなどしました。こうした授業づくりは学年で話し合いながら行っていきました。いまは、学校での映画鑑賞会や演劇鑑賞会など機会は少なくなりましたが、みんなで同じものを一緒に見て話し合ったりすることに教育的意味がありました。

授業も、価値を流し込むような流れはつくりませんでした。たとえ読み物であっても。主要価値と関連価値を併記して、多様な価値に気づくことを期待したのでした。いま、つくられた教科書は、残念ながら読み物中心です。子どもたちは、教科書の読み物を読んで、価値の習得を求められるというパターンが中心です。価値をめぐって考えたり、話し合ったりして自分の考えを深めるというようなものになっていません。

教科書のない教科外の「道徳の時間」は、自由で、子どもたちものびのびと授業に参加していました。「道徳の時間」は、子どもたちにとって楽しい時間だったのです。子どもたちにとって楽しい時間だったのです。1時間で終わりそうにない教材は、2時間も3時間もかけました。「総合的学習の時間」と組み合わせたり、「学級活動」や「学校行事」と組み合わせたりして、「道徳の時間」を活用していました。学級内のトラブルを教材にして「道徳の時間」を組み立てることもしていました。平和について考えたり、自由や権利について考えたり、いじめについて考えたり、人権について考えたり、命について考えたり、性について考えたりする時間にもなっていました。子どもの生活に結びついた学びの機会であり、私たちは「生活と道徳の結合」を追求していました。新聞記事やビデオ、子どもの作文、日記（学級日誌、班日記なども）なども使いました。そういう自由さは、これからも追求していけると思います。

2● 教科書のあるこれからの道徳の授業は？

さて、はじめて「教科書」ができました。教科化のねらいの一番は、「教科書」をつくることでした。なぜなら、全国一律に、道徳の授業をさせることができるからです。教科書会社にとっては、どのような教科書がよいのかわからないまま、文科省制作の「私たちの道徳」「読み物教材集」の中から多くを選びました。準備期間の短い中で、検定に合格するための教材選びが目立ち、不十分な「教科書」になってしまっています。さらに、読み物中心の「教科書」となりました。「私たちの道徳」路線を貫きました。

従来の副読本を活用しての授業への批判の中に、読み物を読ませて価値を流し込んでいく授業への批判がありました。今回の教科化に対しても、その警告は文科省からなされています。アクティブラーニングの提唱、「考え議論する道徳」の提唱は、そうした主張を反映したものです。

また、文科省は、教科書だけを教材にしなければいけないとは言っていません。学習指導要領では、地域や学校の実態、課題に合わせ柔軟に対応することや教材の開発の工夫については、従来通りと言っています。「考え、議論する道徳」にどのように近づけるかが問われているのです。

ここで、教科書をどう使うかが問われます。まず、「教科書を教える」のではなく、「教科書で教える」ということを念頭におくべきです。次に、補足資料（教材）を検討していきます。さらに、価値項目（指導内容）に照らして、子どもの実態や生活、地域の実態などに合う自主教材を作成し、使用していくことです。そうした実績を積み重ねていきながら、できれば、学年や全校に広げていけたらいいと思います。だから、学年会での交流や合同研究などもしていきながら、自分たちの自主的な年間計画を育てていくことにつなげていきたいものです。

学年道徳、全校道徳の工夫、学年内での協力をつくるなども、ぜひ考えていきたいことです。「共同して授業をつくる」「子どもとともに授業をつくる」などスローガンにして、前向きに取り組んでいくことが大切です。何と言っても、子どもたちのための道徳の授業をめざしていくわけですから。そうしたことが勝負になります。私たち自身も肩の力を抜いて。真理は私たちの側にあるわけですから。

やがて、教科書も改訂がなされると思います。現場の声が反映されることも多くあります。また、政財界の意向を受けて、悪い方向に向かっていく場合もあります。「日の丸」や「君が代」、そして「教育勅語」や「神話」、「天皇」「自衛隊」や「二宮尊徳」などが登場してくるかもしれません。

いずれにしても、今のままであるわけはないと思います。道徳の教科書については、そのような不安定なものだと考えていいと思います。教科としての科学性はないのですから。授業づくりについても、蓄積がありません。授業研究も、不十分なままです。

「教科書を教える」でなく「教科書で教える」、そして「教科書を超えて教える（教科書でなく教える）」というような研究は、子どもの中に価値を育てる道徳にとって、なくてはならないものだと思います。

3●道徳とアクティブラーニングを結ぶ

２０１５年8月、中教審教育課程企画特別部会から「論点整理」というものが報告されました。これは次期の学習指導要領の方向性についての部会の論議をまとめ、今後の論点を明らかにしたものです。「論点整理」の中の「各教科・科目の内容の見直し」の「15．道徳教育」において、どのようなことが述べられていたのでしょうか。少し詳しく見てみようと思います。

○学校における道徳教育は、自己の生き方を考え、主体的な判断の下に行動し、自立した一人の人間として他者とともによりよく生きるための基盤となる道徳性を養うことを目標とする教育活動であり、「どのように社会・世界と関わり、よりよい人生を送るか」の根幹となるものである。

○このような資質・能力の育成をめざす道徳教育においては、既に学習指導要領が一部改訂され、小学校では平成30年度、中学校では平成31年度から、「特別の教科　道徳」（道徳科）が実施されることとなっている。本「論点整理」が目指す「これからの時代に求められる資質・能力の育成」や、「アクティブ・ラーニング」の視点からの学習・指導方法の改善を先取りし、「考え、議論する」道徳科への転換により、児童生徒の道徳性を育むものであり、道徳的諸価値についての理解を基に、自己を見つめ、物事を多面的・多角的に考え、自己の生き方や他者との関わりについても考えを深める学習を通して、道徳的判断力、道徳的心情や道徳的実践意欲と態度を育てるものである。

○道徳の特別教科化は、これまで軽視されがちだったと指摘される従来の道徳の時間を検定教科書の導入等により着実に行われるように実質化するとともに、その質的転換を図ることを目的としている。

○特に、後者の「考え、議論する」道徳科への質的転換については、子供たちに道徳的な実践への安易な決意表明を迫るような指導を避けるあまり道徳の時間を内面的資質の育成に完結させ、その結果、実際の教室における指導が読み物教材の登場人物の心情理解のみに偏り、「あなたならどのように考え、行動・実践するか」を子供たちに真正面から問うことを避けてきた嫌いがあることを背景としている。このような言わば「読み物道徳」から脱却し、問題解決型の学習や体験的な学習などを通じて、自分ならどのように行動・実践するかを考えさせ、自分とは異なる意見と向かい合い議論する中で、道徳的価値について多面的・多角的に学び、実践へと結び付け、更に習慣化していく指導へと転換することこそ道徳の特別教科化の大きな目的である。

○義務教育においては、従来の経緯や慣性を乗り越え、道徳の特別教科化の目的である道徳教育の質的転換が全国の一つ一つの教室において確実に行われることが必要であり、そのためには、答えが一つではない、多様な見方や考え方の中で子供たちに考えさせる素材を盛り込んだ教材の充実や指導方法の改善等が不可欠である。

この中で注目したいことがいくつかあります。〈「読み物道徳」から脱却し、問題解決型の学習や体験的な学習〉

へという点と〈自分とは異なる意見と向かい合い議論する中で、道徳的価値について多面的・多角的に学び〉という点、さらに、〈そのためには、答えが一つではない、多様な見方や考え方の中で子供たちに考えさせる素材を盛り込んだ教材の充実や指導方法の改善〉という点です。これらは、文科省が提唱する〈「考え、議論する」道徳科への質的転換〉の骨格を示しています。道徳の授業を考えたときに大いに参考できることではないでしょうか。「考え、議論する」目的、「考えさせる素材を盛り込んだ教材」の開発について、明らかにしているものと考えます。

4●価値項目をテーマに

「論点整理」で言われている「考え、議論する」道徳科への転換は、当然のことだとも言えます。徳目の注入でなく、徳目（価値項目）をテーマに転換すべきだと思います。教科書教材に頼らずに授業を組み立てられることも重要です。学習指導要領に示された価値内容をテーマにして、自分たちの力で自主編成していくことが求められているのだと思います。「考える道徳」「議論する道徳」「アクティブな学び」などをキーワードとしながら、新しい道徳の授業スタイルをつくり出すべきところなのだと思います。

子どもがドキドキした気持ちで考えたり、活発に議論したりできる道徳の授業は、私たちの側に、発見や探求がなければ無理です。やはり、最終的には「自主編成を基本とする」というところに落ち着くのではないかと思えますが、そこへ行くまでの道のりでは、生活と道徳の結合をめざすために、創意工夫が求められます。「子どもの生活から出発して、子どもの生活に戻ってくる」そんな道徳の授業をつくり出していくこと。それが、「子どものための道徳教育」を実現させる道だと思っています。

5 道徳科の評価を考える
――評価はどうなる？　どうする？

評価はしないで済めば一番よいことですが、教科になった以上評価がついてきます。「数値による評価でなく、記述式とすること」「個々の内容項目ごとではなく、大くくりなまとまりを踏まえた評価とすること」「受験の内申には使わないようにする」といった確認がなされています。人格評価にならないような歯止めがされていることは評価できますが、教科書会社の動きを見ると、自己評価を盛んに導入しています。学び方の自己評価ばかりでなく、価値習得の段階評価をしているところもあります。そのあたりに煽られないことが大事です。

例えば中学校教科書日科では、22の徳目の達成度を学年の終わりに4つのレベルで自己評価するようになっています。

1レベル　意味はわかるけれど、大切さは感じない。
2レベル　大切さや意味はわかるけれど、態度や行動にすることができない。
3レベル　大切さや意味は理解していても、態度や行動にできる時とできない時がある。
4レベル　大切さや意味は理解していて、多くの場面で態度や行動にできている。

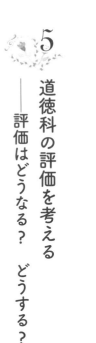

このような自己評価の類が、広がっていったら大変です。

子どもや保護者は、評価がどのように行われるのか、強い関心を示しています。受験への影響を気にしているのが大半ですが、評価があることによる行動、言動への影響も気にかかっています。いい評価を得ようと、教科書や教師の望むような言動をしようとしないか気になるところです。

少なくとも、授業に臨む態度は変わってくるでしょう。今まで、どう考えるか、どんな発言をするかなど比較的自由に扱われていたものが、評価の対象になると考えると、授業参加の態度が変わってきても不思議ではありません。

２０１６年７月、道徳教育に関わる専門者会議が『「特別の教科　道徳」の指導方法・評価等について』の報告を出しています。「概要」も出ていますから、通知表の評価、および指導要録の評価を考える場合の参考にできます。

また、指導方法についての文科省の考えも出されているのであわせて考えてみたいものです。概要を紹介します。

《道徳科の指導方法》

○単なる話し合いや読み物の登場人物の心情の読み取りに偏ることなく道徳科の質的転換を図るためには、学校や児童生徒の実態に応じて、問題解決的な学習など質の高い多様な指導方法を展開することが必要。

《道徳科における評価の在り方》

【道徳科における評価の基本的な考え方】

○児童生徒の側からみれば、自らの成長を実感し、意欲の向上につなげていくものであり、教師の側から見れば、教師が目標や計画、指導方法の改善・充実に取り組むための資料。
○道徳科の特質を踏まえれば、評価に当たって、
・数値による評価ではなく、記述式とすること、
・個々の内容項目ごとではなく、大くくりなまとまりを踏まえた評価とすること、
・他の児童生徒との比較による評価ではなく、児童生徒がいかに成長したかを積極的に受け止めて認め、励ます個人内評価（※）として行うこと、
・学習活動において児童生徒がより多面的・多角的な見方へと発展しているか、道徳的価値の理解を自分自身との関わりの中で深めているかといった点を重視すること、
・道徳科の学習活動における児童生徒の具体的な取組状況を一定のまとまりの中で見取ることが求められる。
※個人内評価…児童生徒のよい点を褒めたり、さらなる改善が望まれる点を指摘したりするなど、児童生徒の発達の段階に応じ励ましていく評価
【道徳科の評価の方向性】
○指導要録においては当面、一人一人の児童生徒の学習状況や道徳性に係る成長の様子について、発言や会話、作文・感想文やノートなどを通じて、
・他者の考え方や議論に触れ、自律的に思考する中で、一面的な見方から多面的・多角的な見方へと発展しているか
（自分と違う意見を理解しようとしている、複数の道徳的価値の対立する場面を多面的・多角的に考え

ようとしている等）
・多面的・多角的な思考の中で、道徳的価値の理解を自分自身との関わりの中で深めているか
（読み物教材の登場人物を自分に置き換えて具体的に理解しようとしている、道徳的価値を実現することの難しさを自分事として捉え考えようとしている等）

といった点に注目して見取り、特に顕著と認められる具体的な状況を記述する、といった改善を図ることが妥当。
○評価に当たっては、児童生徒が一年間書きためた感想文をファイルしたり、1回1回の授業の中で全ての児童生徒について評価を意識して変容を見取るのは難しいため、年間35時間の授業という長い期間で見取ったりするなどの工夫が必要。
○道徳科における学習状況や道徳性に係る成長の様子の把握は、「各教科の評定」や「出欠の記録」等とは基本的な性格が異なるものであることから、調査書に記載せず、入学者選抜の合否判定に活用することのないようにする必要。

引用が長くなりましたが、以上のような文言を参照しながら、子どもの人格評価にならないような評価、子どもの成長を励ましていくような評価を見つけていきましょう。決して難しいことではないと思います。「子どもに教えたいこと」「子どもに育てたいちから」などを基本にして考えていくことになるのではないでしょうか。

6 私たちがこれからすべきことは？
――まとめとして

私たちがこれからすべきことはどのようなことでしょうか。箇条書きで整理してみます。下記のように10に絞りましたが、まだいろいろあるのかもしれません。

1　学習指導要領（道徳に関わるところ）を読む。

一人では読み解くまでいかないので、複数人でやりたいところです。一度では無理ですから、繰り返し、読む作業ができるといいと思います。

指導内容（価値項目）については、深く読む必要があります。教科書だけで判断してはならない部分です。また、最後の「留意点」にあたるところは読み過ごしてしまうことが多いので、しっかり読み、理解しておきたいところです。

2　教科書教材の分析を行う（個人→学年などで）。

教科書を客観的に見られるためには、一人の目ではだめです。さまざまな読み取りがあって当たり前で、研究し対話して、授業を工夫する手助けにしたいと考えます。実践したら、報告をしあって、さらに教材の研究を深めたいと思います。教師自身の授業評価にもなります。

3　他学年の教科書にも目を通す（個人→職場で）。

職場での話し合いを続けることが、授業の工夫、資料の開発や自主編成につながっていくと思われます。

4　職場内だけでなく保護者と話し合う機会をもつ（教科書内容や評価）。

教える、育てる側の共通理解は大切です。道徳授業の工夫を支えてくれるのは力強いことだろうと思います。

5　児童・生徒と話し合う機会があってもいい（道徳の時間や内容に関して）。

どのような授業がいいか、子どもたちの意見を率直に聞き、授業を一緒につくっていくことができるといいと思います。より効果的な授業づくりができるのではないでしょうか。子どもたちの主体的な授業参加も期待できます。

6　授業づくりのキーワードは、「考え、議論する道徳」と考える。

そのことを基準にして、教科書教材の分析、授業展開の工夫を行っていくことです。子どもが主体的に参加できる授業を工夫していきたいものです。子どもに特定の価値を押し付けるような授業、自由に物が言えないような授業にしてはならないと思います。

7　学びがいのある授業、生きいきと参加できる授業づくりをめざしたい。

そのためには、授業の雰囲気づくりは大事です。何でも言える授業、互いに受けとめ合える授業。生きる力が増していく授業などをめざし、楽しく心に残る授業にできるといいと思います。肩の力を抜いて、長いスパンで授業の成果が見られるように考えていきたいものです。

8　教科書通りにと考えない自由さを、教員自身がもつようにしたい。

生活の中から生きた教材があることをいつも念頭におきながら、授業を豊かにしていけるとよいのではないかと思います。あくまでも子ども中心に考え、授業のカリキュラムが子どもたちのものの見方、考え方、生き方に力になるように考えていきたいと思います。そのためにも、学級における生活指導・学級づくりとの関連を見ていきたいと考えます。学級の実態との関わりを考えないといけないということです。いじめ教材などは、まったく不用意に扱ってしまったら取り返しのつかないことになる場合があります。

9　教科道徳の登場の意味するところ（政治的背景）についても、関心をもつ。

戦前の教育勅語の復活が論じられたりする政治の事情も、目を離せない状況にあります。戦後教育における道徳教育の変遷には注目していく必要があるでしょう。歴史から学ぶということを大事にしたいと思います。日本の近世からの道徳教育の流れはつかんでいきたいところです。今の私たちの思想に影響を与えている日本的な精神風土（とりわけ儒教思想）のもつものについては考察していきたいと思います。

10　時代は新しい価値観をたえず生み続けている。

憲法はもとより、世界人権宣言や児童憲章、子どもの権利条約などに道徳の基本を見ていくこと。そして今日の社会の中で、パワハラ問題やジェンダー問題などが話題になり、新たな価値観の共有が求められています。私たちにとっての人生上の新たな価値観を獲得していく努力が必要とされます。

第2章

「特別の教科　道徳」で、いじめ問題が解決するか？

――「いじめ教材」の読み方・授業のつくり方

1 「教科道徳」いじめ教材を読む視点

中学校道徳教科書会社8社とも、いじめを直接扱った教材およびいじめ関連教材を掲載しています。道徳の教科化の建前の一つがいじめの克服にあるのだから当然であろうと思います。しかし、いじめの克服に本気であるならば、もっと根本的な対策があるはずです。『特別の教科　道徳』（以下、「教科道徳」と表記）でいくつかのいじめ教材を扱うだけで、いじめが克服できるとは到底思えません。

1●いじめ問題にどう取り組んだらよいのか
――大津市中2いじめ自殺事件の教訓

道徳の教科化が加速したのは、２０１１年10月に滋賀県大津市の中学校で起きたいじめによる自殺事件からです。（注1）政府は、この事件をきっかけに、道徳教育の強化によっていじめを防止するとして、かねてからの願望であった道徳の教科化をいっきにすすめたのです。しかし、皮肉なことに、事件の起きた中学校は、平成21・22年度文部科学省指定の「道徳教育実践研究事業」推進指定校として、道徳教育を推進してきたのです。「いじめのない学校づくり」「ゴミのない学校づくり」「あいさつあふれる学校づくり」を宣言してもいました。事件の後、第三者による調査委員会が設置され、2013年に詳細な調査報告書が発表されました（以下、報告書と表記）。この報告書は、いじめの生々しい事実だけでなく、学校、教師、教育委員のあり方やマスコミのいじめの報道のあり方にまで踏み込んで分析したもので、高い評価を受けています。報告書では、いじめ問題をどう考え、教師や大人、社会はどのように対処したらよいのか、以後のいじめ対策の大きな教訓とすべき内容が明確に提言されています。

2● いじめ問題に取り組む視点

いじめ問題に取り組む視点を調査報告書の提言も参考にしながら、提起します。

1 いじめの克服は、一番に教師や大人の問題である

該当の中学校の担任をはじめとする教師たちは、いじめを見過ごし、有効な対処をしませんでした。複数の生徒が教師に被害者へのいじめを訴えていました。教師の目の前で行われている被害者への一方的な暴力行為を現認もしていました。にもかかわらず、ケンカとして処理し、互いにハグさせ、謝罪させて帰してしまったこともありました。

いじめが起きたら、教師（集団）の専門性をかけて、全力で取り組まなければなりません。該当校のいじめ認知への教師や学校の消極性について、報告書は強く批判しています。

2 いじめは日常化、透明化し、見えなくなる

いじめは、早期に発見し、解消に向けた取り組みをしなければ、日常化、透明化（当たり前の光景となり、気

づかなくなる）し、深刻な事態を生みます。

3　荒れた学級集団からは、いじめの抑止力が失われる

該当校では当時、事件のあった学級は荒れており、学級からはいじめ行為を抑止する力は失われていました。この学級の生徒は、被害者へのいじめを見ていて、知っていましたが、荒れた学級状況の中で、いじめは生徒や教員からは日常の風景に埋もれ、その中で被害者は、屈辱感、絶望感、無力感と自死への思いを強めたのです。

4　いじめられている子どもは、いじめられていることを語れない

いじめられている子どもは、仕返しの恐怖、逆に仲間でいたいという思い、あるいは屈辱を受けているという自分をさらけだしたくないという自尊心などから、いじめについて真実を語ることができません。このため、加害者と被害者の関係は、学級の中では、遊び仲間であり、教師の目には仲のよい友だちどうしとして映っていることも少なくありません。

5　加害者の葛藤と苦悩を理解する

いじめによって15歳で命を絶った娘さんの保護者は、次のように指摘しています。

「いじめの問題の解決の糸口は、被害者ではなく加害者に寄り添い加害者を救い出すことにあります。いじめ加害者の約7割が、いじめをしていた頃、自分も悩んだり、つらかったことがあったと回答しています」（小森美登里『遺書』ＷＡＶＥ出版　２０１４年）

いじめの加害者は、虐待、家族による権力的な抑圧、学校の過度の競争的な環境によるストレスなどにより自尊感情が剥奪され、他者を攻撃することで自己のアイデンティティをなんとか保とうとしている場合が多いのです。教師はそのような加害者の苦悩や葛藤にしっかりと向き合う必要があります。

該当校の加害者も当時イライラしている姿があり、養護教諭も気にかけていました。加害者が何らかの問題を抱えていたことが推認できます。教師がもっとはやく加害者に声をかけ、寄り添い、「どうしたの。いつでも話においで。待っているよ」と声をかけていたら、違った展開になっていた可能性があります。

報告書は、加害者へのケアが必要であり、正確な事実を把握し事実に基づいて加害者と一つひとつ事実を確認する。被害者がどのように苦しみ、どのような状態になったのか整理して話す。それを加害者が理解してはじめて、真の謝罪に向かって歩みだせる、と指摘しています。

6 傍観者の苦悩を理解する

「傍観者も加害者だ。傍観者ではなく止める立場になりなさい」と簡単に主張する大人がいます。道徳教材もそのような視点のものがほとんどです。しかし、友だちを守れない苦しさ、もし友だちを守ったら次は自分がターゲットになるという圧倒的な恐怖を教師や大人は理解し、共感しなければなりません。

観衆、傍観者の位置にいたため、自責の念にさいなまれ、いじめを止められなかった自分と格闘しなければならない傍観者のケアが必要なのです。傍観者だった子どもに自信を取り戻させ、この不幸な事件を通して、人として前を向いて歩ませるということを教えていく必要があります。学校や教師が、いじめの具体的な事実に誠意をもって向き合うことで、人は過ちも犯すが、それを真摯に見つめ、教訓を生かして歩むことが人としてのあり方であることを、子どもたちに教えることになるのです。

7　学級集団づくりと生徒の学校参加こそ、いじめの抑止力になる

報告書は、次のような重要な提起をしています。

日常のケンカ、トラブル、泣き、笑い……その一つひとつを教員が丁寧に拾い上げ、学級の集団に返しながら、子どもたちにしっかり考えさせていく、この営みこそが教育である。そういった経験の中で、仲間に対する「思いやり」が育まれ、人に対する「優しさ」が生まれてくる。

学校運営のなかに生徒の意見を取り上げるような方策が必要である。生徒参加の学校づくり、その中心が生徒会活動である。いじめなどの問題や生起しているさまざまな身近な問題を、生徒たち自身が真剣に討議し、具体的な取り組みを実践する活動が求められる。

8　学教員の多忙化の解消を

多忙化の中で、教員が子どもたちと人間的で豊かな関係を結ぶ機会が失われつつあります。本来教員は、子どもたちとの関係の中で、教員としてもやりがいを感じるはずで、そうした機会を制度的にも保障することが緊急の課題です。部活動の負担を軽減する対策も必要です。

政府や文部科学省が本気でいじめを克服したいと考えているならば、真っ先に取り組むべきは、教師の数を増やし、教師の仕事を減らすことです。そうすれば、教師が子どもと向き合い、子どもの声や思いを十分聴けるゆとりと時間が生み出せます。

「教師の人数を増やします。仕事量も減らします。その分教員は十分子どもたちと向き合い、いじめが起きないよう努力してください」というなら話はまだわかるし筋も通っていますが、ほとんどそのような動きがありません。

文部科学省が発表した２０１６年度の小中学校の教員勤務実態調査によると、中学校教諭の1週間あたりの平均勤務時間は63時間18分で、10年前よりも5時間12分増えており、「過労死ライン」に達する週20時間以上の時間外勤務をした教員が6割近くを占めています。小学校もすべての職種で勤務時間が増えていて、教員の多忙化が進んでいることが浮き彫りになりました。

このような教員の多忙化を解消する政策を抜きにして、いじめの克服は困難です。「教科道徳」教材はこうした、いじめが起きにくい環境の整備を抜きにして、ひたすらいじめをしてはいけない、と一方的に子どもたちの心の持ち方だけに迫るものがほとんどです。

9 道徳教育の限界

以上、大津市のいじめ自殺事件から得た教訓をもとに、いじめ克服への視点を挙げましたが、報告書は、もう一つ重要な指摘をしています。それは道徳教育の限界についてです。報告書は次のように記述しています。

「道徳教育や命の教育の限界についても認識をもち、むしろ学校の現場で教員が一丸となった様々な創造的な実践こそが必要なのではないかと考える。特に、いじめ加害者の被害者のこころの痛みへの共感の低さに鑑みると、他人のこころへの共感というこころの営みが、如何に社会を豊かにするだけでなく人生における生き甲斐等の自分のこころの充足にも結びつくか、ということを生の事実で繰り返し執拗に教える必要性がある」

報告書のこの指摘と関連して、筆者はもう一ついじめ問題に取り組む重要な視点を挙げたいと思います。

10 みんな仲良く、互いに協調し合って、一致団結、いじめ撲滅などの強調・強要の危うさ

いじめ問題が報じられると、「道徳教育を強化し、優しさや他者を思いやる心や、協調性をしっかり学校で教えるべきだ」との声が大きくなります。しかし、それはむしろいじめを生み、深刻化させる可能性があります。集団内に過度の同調性が高まり、子どもたちの多様性が否定され、周囲と歩調を合わせることが苦手な子や、ちょっと違った行動をとる子どもが排除され、いじめの対象になりかねません。

子どもたちは、いじめはしてはいけないことなど重々わかっているのです。各種のアンケート調査でも、いじめはいけないと回答する児童・生徒は8割〜9割にのぼっています。(注2)「いじめは悪である」「協調性や他者を思いやる心をもちなさい」などのあまりにもわかりきった正論(徳目)を突きつけられても教師や大人への不信を生むだけで、いじめ問題の解決にはなりません。

道徳の教科化の理由が、本当にいじめの克服にあるのならば、大津市をはじめとする、たびかさなるいじめ自殺事件から得られた教訓を十分に生かしたものでなければなりません。それが若くして亡くなった子どもたちへ真摯に向き合うということではないでしょうか。

しかし、道徳教材を見る限り教訓が生かされているとは言い難いものがあります。なぜ、真摯に向き合わないのでしょうか。教師の多忙化も解消されていません。そのような中で、「教科道徳」はスタートしました。私たちは「教科道徳」のいじめ関連教材をどのように読み、どのように扱うかを真剣に考え、少しでも子どもたちにとって有益なものになるようにしなければなりません。

本章では、先に挙げたいじめに取り組む視点をもとに、「教科道徳」教科書のいじめ関連教材に焦点を当てて、その分析と扱い方について提起します。

（注1）2011年10月11日、滋賀県大津市内の中学2年生が、自宅マンションの14階から飛び降り自死した。被害者は、2学期頃から数名の生徒から執拗ないじめを受けていた。ヘッドロックをされ、上からのしかかられる、押さえつけられて腹を殴られる、トイレで複数の生徒から殴られる、教室前の廊下で、うつぶせにさせられ首をしめられる、その周りにはクラスの生徒がおおぜいいた。クラスの生徒が被害者の眼鏡を隠して回す。土下座をさせられ、「すいません」と大声で言わせられる。机の中が荒らされる。倒されて起き上がろうとしたところを上履きのまま踏みつけられる。教科書などを被害者の目の前で破られる。倒されて、蜂の死骸を食べさせられそうになる。ズボンをおろされる。自殺の練習を強要される。被害者の部屋から物品を奪い部屋を荒らされる。万引きの強要をされる。ガムテープでぐるぐる巻きにされる等々。繰り返されるいじめの現場を目撃した教師、暴力を止めに入った教師、生徒から、いじめられているから相談にのってあげてくださいと伝えられた教師もいた。事件後、生徒へのアンケートでいじめの事実が書かれていたにもかかわらず、学校や教育委員会は、当初、いじめが自殺の原因であることを認めず、「ケンカ」である、原因は「家庭にある」として、大きな問題となった。

（注2）たとえば、平成30年度全国学力・学習状況調査の結果（国立教育政策研究所）によると、「いじめは、どんな理由があってもいけないことだと思いますか」との質問に、小学校では85・9％の児童が、中学校では、80・4％の生徒が「当てはまる」と回答しています。「どちらかといえば当てはまる」を加えると、小学校では96・8％、中学校では95・4％となります。

2 「問い、考え、語り、聴く」道徳の授業を

私は「教科道徳」を、子どもと子ども、子どもと教師が自由に問い、考え、語り、聴く時間にしたいと考えます。子どもと教師が互いに「問い、考え、語り、聴く」時間にするためには、いくつかの条件や工夫が必要となります。

一つは、子どもと子ども、教師と子どもの関係が日常の生活指導実践の中で良好で、解放的なものになっているかどうかです。

二つ目は、二重討論の手法を駆使することと、それに慣れていることとです。二重討論とは、4人から6人程度の学習グループをつくり、まずグループ内で意見交換をし、その後全体討論を行う手法です。

三つ目は、グループの学習リーダーの指導を細かに行うことです。最初は、教師がやってみせる、次に教師の真似でよいから子ども自身にやってもらい、やったらきちんと評価することが大切です。

まず教材の全文を読ませた後（教師が読んでもよいし、順番か立候補で子どもに読ませてもよい）、次のような手順で話し合いを行います。

〈問い、考え、語り、聴く授業の基本〉

1　疑問や話し合いたいこと（テーマ）を出し合う。
　4人から6人のグループを編成し（学級の生活班でもよい）、各グループから疑問点やテーマを出して

もらう。個人でも可とする。それを板書するか、各グループに紙に書いてもらい黒板に張り付ける。必要があれば、なぜそのような疑問やテーマを出したのか説明してもらう。
2　出された疑問やテーマを整理し、話し合いたいテーマをいくつかに絞る。
3　そのテーマの中から、生徒と一緒に考えて1～2個のテーマを決める。
4　テーマが決まったら、班討論➡全体討論（二重討論）を行い。個人発言も推奨する。
5　教師の考えている論点も用意しておいて、必要に応じて提起する。

もちろん、この手法ですべての教材を扱えるわけではありませんし、子どもたちから疑問やテーマがいつも出てくるとは限りません。しかし、この手法を基本にして、子どもたちとともに自由に「問い、考え、語り、聴く」道徳の授業を追究したいものです。

「問い、考え、語り、聴く」授業のイメージとしてとても参考になる映画があります。夜間中学校を描いた「学校Ｉ」（山田洋次監督作品）という作品です。その中で、担任（西田敏行）と生徒たちが、苦労を重ねた末に亡くなった「イノさん」（田中邦衛）を偲びながら、「幸福とはなにか？」について語り合うシーンがあります。

不登校だった生徒、56歳で初めて学校に入学した在日コリアンのオモニ、障害のため言葉が不自由な生徒、非行を繰り返し荒れた生活をしていた生徒など、いろいろなものを背負っている生徒たちが、「イノさん」にとって幸福とは何だったのか、そして自分にとって幸福とは何かを問い、考え、語り合います。

自分の生きざまを背負いながら、各自の身体から絞り出すような発言が続きます。最後に担任が「ああ、今日はいい授業だった。どうもありがとう」と締めくくります。この間、担任の発言は「幸福ってなんだ？　そんな難しいことおれにはわからないよ」「ちょっとみんな考えてみようよ」「お金があると幸せって、そうだよな。おれも金がほしいよ」など、生徒と同じ立場で一緒に考え、聴く姿勢で一貫しています。

フィクションですから現実の学級とは違いますが、「問い、考え、語り、聴く」授業のイメージに近いものがあり、おおいに参考になります。

以下、いくつかの教材について、「どう授業をするか」を提起しますが、その手法は「問い、考え、語り、聴く」授業を念頭に置きながら組み立てたいと思います。

3 一方的な「いじめ追放」の押し付け

「教科道徳」教科書教材では、生徒会がいじめ問題に取り組む姿が描かれたものがいくつかあります。生徒会がどのように位置づけられ、その活動が意味あるものなのかについて分析し、どのように扱ったらよいのか提起をします。

「ハイタッチがくれたもの」

出典『中学校道徳2年』日本文教出版

福岡市では、市内の小中学校の代表者が集まり、「いじめのない学校」の実現に向けて、「いじめゼロサミット」が開催されている。今年のサミットでは、「ハイタッチをしていじめのない明るい学校にする」取り組みが提案された。サミットに参加した生徒会長の裕司は、自校の生徒会運営委員会に「全員がハイタッチをして、いじめゼロの学校をつくろう」と提案するが、「みんな恥ずかしがるのでは」「ハイタッチしても、いじめはなくならないんじゃないかな」など、反対意見が出され、見通しを失う。しかし裕司は部活のバレーボールの試合で、ハイタッチが契機で試合に勝ち、「ハイタッチの日」を強い気持ちで進めようと決意する。

（この教材の内容項目は、C―（15）よりよい学校生活・集団生活の充実『教師や学校の人びとを敬愛し、学級や学校の一員としての自覚をもち、協力し合ってよりよい校風をつくるとともに、さまざまな集団の意義や集団の中での自分の役割と責任を自覚して集団生活の充実に努めること』となっています）

教材の後の「考えてみよう」では、「裕司が、もう一度、ハイタッチ運動を提案しようと決心できたのは、どんな思いからだろう」とあります。その後には、「学校のよさや伝統を後輩たちに伝えていくには、どうしたらよいだろう」という発問も用意されています。

1●「ハイタッチの日」でいじめゼロ!?

生徒会や教師集団が、現実のいじめにどのように対処してきたのか、しようとしてきたのかがないまま、トップダウンで「ハイタッチの日」を決めようとしています。後述する3年生の教材「自分たちにできること」と構造が似ています。

「みんな恥ずかしがる」「ハイタッチしても、いじめはなくならない」という反論はまともです。思春期の中学生が「ハイタッチの日にハイタッチ」を強制されたら、どのように思うのでしょうか。冷ややかに通り過ぎる、いやいや合わせる、心の中で「ばかじゃん」といいながら形だけやる……。

あるいは、それ以前に、学級に提案されたとき、まともな学級ならば、否決する可能性のほうが高いでしょう。いやおそらく、各学級に降ろされないまま実施される可能性のほうが高いのかもしれません。中学生の現実を理解しないで推し進めようとする生徒会長の裕司も同じ中学生です。彼の考え方こそ問われなければなりません。民衆の思いや現実を無視するか理解できない昨今の政治手法とどこか似ています。スポーツ(この場合バレーボール)でのハイタッチと日常生活でのハイタッチを同列に見ていることにも違和感があります。

また、教材の後の発問は、ハイタッチの日をつくることでいじめをゼロにするというこの教材のもともとの位置づけとずれています。この教材で考えさせたいことは、「ハイタッチの日」をつくることが、いじめをなくす取り組みとしてふさわしいのか、ハイタッチの強制が、よりストレスといじめを生みはしないかです。

問題点の多い教材ですが、埼玉県のある中学校では、生徒会が突然、来週から「ハイタッチの日」を始めますと宣言し、実施しし始めたところも出てきています。

2●どう授業をするか
――「ハイタッチの日」でいじめはなくなるか？

1　次のような発問を教師側も用意しておきます。

○「ハイタッチの日」をつくることを生徒会が提案したら、君たちはどんな意見を述べますか
○仮にハイタッチの日がつくられたら、君たちはどんな行動をとりますか
○「ハイタッチの日」をつくることで、いじめはなくなる、あるいは減ると思いますか
○「いじめは、どのようにすればなくなる、あるいは減ると思いますか
○今の自分の学校の生徒会に望むことはどんなことですか

疑問やテーマを出し合うところで、おそらく子どもたちは教師が用意した論点を自らが出してくるでしょう。ハイタッチの是非をめぐっては、おもしろい対話ができそうです。生徒会のすべきことは何かについても浮き彫りにできる可能性もあります。

ただ、そのような話し合いが成立するには、その前提となる条件があります。それは、日常的に子どもたちの意見表明が尊重されていることです。管理的な指導のもとで、意見表明が軽視されているか、意見表明が忌避されているような学校や学級では、子どもたちが自由に発言することはほとんどないでしょう。やはり、日常の生活

指導が、子どもたちの道徳性を育む上でとても大切であることがわかります。

2 実際の授業は、次のように展開します。

教師　各グループで、疑問、変だなと思ったこと、話し合いたいことを遠慮なく出し合ってみてね。

生徒　話し合いをはじめます。気軽にどんどん発言してね。
　まず、自分から先に言います。ハイタッチの日をつくると、いじめはなくなるのかなあ。Aさんの考えはどう？　Bさんはどう……じゃ、2班で出た意見を、自分がまとめて発表します。

慣れてきたら、リーダーは、グループ内の誰かを指名して発表してもらいます。いつまでもリーダーだけが発表することのないように指示しておきます。教師は、各グループから出た疑問やテーマを板書します。次のような疑問やテーマが出されます。

・ハイタッチの日をつくると、いじめはなくなるのか
・ハイタッチをいやがる人、やらない人がいたらどうするのか
・ハイタッチをする日を、どのようにして決めるのか
・提案しても反対が多かったらどうするのか
・バレーの試合のハイタッチとハイタッチの日のハイタッチは同じだろうか
・この学校の先生たちはハイタッチの日についてどう思っているのか
・反対が多そうなのに、どうして生徒会長の裕司はハイタッチの日をつくろうとするのか

・この学校はいじめが多いのか
・生徒会ってどんな仕事をするところか
・生徒会役員は自分たちが選挙で選んだのだから、生徒会に協力しないとだめではないか

3　これらの疑問やテーマを整理して、話し合いのテーマの候補をいくつかに絞ります。

1）ハイタッチの日をつくるといじめはなくなるか
2）ハイタッチの日をいやがる人、やらない人がいたらどうするのか
3）選挙で選んだ生徒会だから、協力すべきではないか

この三つの中から、子どもたちと考えてテーマを決めます。ここでは、子どもたち自身がテーマを決めることが重要です。そうすることで、テーマを自分たち自身のものと受け止め、積極的に考え、討論に参加しようという姿勢が高まります。テーマが決まったら、班討論➡全体討論➡個人発言の手順で意見を出し合います。

教師　なぜ、生徒会がやろうと言ってるから協力するんですか？
生徒　生徒会は、自分たちが選挙で選んだ代表だから。
教師　なるほど、筋が通っていると思うな。やりたくないと言った人たちはこの意見どう思う？

生徒　そう言われればそうかなとも思うけど……。でもいやなものはいやなんだよ。
生徒　生徒総会でハイタッチの日をつくるという提案があったのかな。
生徒　ハイタッチの日をつくってよいかどうかについて、各クラスで話し合うチャンスがあるのかな？
教師　確かにそうだね。だったら、この問題はどうしたらよいのかな。
生徒　もし、生徒会がどうしてもやりたいなら、各クラスできちんと話し合ってもらって決めるべきだ。でも、きっと反対意見が多いだろうなあ。
生徒　ハイタッチをすればいじめがなくなるなんて、おかしいよ。
生徒　ハイタッチの日は学校さぼっちゃうかなあ。
生徒　俺は、協力するよ。なんだかたのしそうじゃないか。
教師　反対意見が多かったら、生徒会はどうしたらいいの？　せっかくやる気になっているのになあ。
生徒　生徒会だけやる気になったって、その他の生徒が反対だったら効果もないよ。
教師　でもね、主人公の生徒会長は、いじめをなくしたいという前向きな気持ちでハイタッチの日をつくろうと思ったわけだろ。ハイタッチの日をつくることで、いじめがなくなりそうにないことはわかったけれど、君たちはいじめはどうしたらなくせると思っているの。
教師　ちょっと話がそれるけど、君たちがこの中学校の生徒会に今、やって欲しいことってある？　出し合ってみて。

各グループで話し合い。その後全体に発表。思わぬ展開になって面白い討論になります。話し合いは結論を出す必要はありません。生徒会のあり方やいじめ問題について、子どもたちが自由に考え、討論する中で考えを深めていくことが大切です。

この手法は、ほとんどの教材で同じように使うことができると考えています。ただ、子どもたちに質問や疑問を出させ、それをもとに授業を進めると、収拾がつかなくなるのではないかという心配もあるかと思います。学級の子どもたちの実情を考えると躊躇することもあります。

その場合は、教師があらかじめ用意しておいた論点をもとに進めてよいのです。教材によっては、教師の用意しておいた論点で進めたほうが効果的な場合もあります。

しかし、私は、できる限り子どもたちの自由な発想を大切にしたいと考えます。子どもたちは大人の思いもよらない鋭い問いや考えをもっているからです。大人の考えをもとに進めるよりも子どもたち目線の、豊かな道徳の時間をつくりたいと思います。

「自分たちにできること」（コラム　いじめについて考える）

出典：『中学校道徳3年』光村図書

佐賀県武雄市立山内中学校の生徒たちは、生徒会中心に「山中いじめ追放宣言」をあげた。

一、友達を大切にし、温かい心で接します。
一、自分の言葉や行動に責任を持ち、相手を傷つけるようなことはしません。

一、いじめられている人の悲しみと苦しみを理解します。
一、思いやりの心と勇気を持っていじめに立ち向かいます。
一、一人で悩まず勇気を持って相談します。
一、周囲のいじめは見逃しません。
以上を宣言し、山内中からいじめを追放します。

この宣言文を、週に一度、帰りの会などの時間に各クラスで唱和することで、いじめを追放するという意識を確認し合っている。日頃の生活で、友だちのすてきなところを認め合うための「ステキボード」も作成。学校生活で気づいた友だちの良いところを付箋に書き、クラスごとに廊下に掲示した。

(この教材の内容項目はB―(9)相互理解・寛容『自分の考えや意見を相手に伝えるとともに、それぞれの個性や立場を尊重し、いろいろなものの見方や考え方があることを理解し、寛容の心をもって、謙虚に他に学び、自らを高めていくこと』となっています)

1●どのような討論があったのかの記述がない

この教材の何が問題なのでしょう。宣言をあげることは否定しませんが、この種の取り組みは形式化し、うわべだけのものになりやすいものです。大津市の中学校も「いじめのない学校づくり」を宣言していました。大切なことは、子どもたちの自主性や自治と宣言をあげるまでの討論や討議だと考えます。

どのような討論があったのかの記述がほとんどありません。生徒会を中心に、自分の学校のいじめの実態について洗い出し、今後、具体的にどのような対策を立てるのか、生徒会にその覚悟があるのかなどを問わなければならないはずです。また、それ以上に大事なことは、教師集団が明快な決意を表明するなど、一体となった動きが必要です。

この学校はいじめ追放宣言をあげるほどなのだから、きっといじめが多く発生しているはずです。だとしたら、そのいじめに対して生徒会や教師集団がどのような対処をしてきたのかも記述がなくてはなりません。また、宣言の内容も「友達を大切にし、温かい心で接します」など心情的なもので、各個人の心の持ち方に呼びかけるものとなっています。

だれもが、平和で安全に生活する権利があること……基本的な人権に基づく権利意識や人権や権利としての平和と安全という、人類が獲得してきた人権の到達点（世界人権宣言、子どもの権利条約、日本国憲法など）に基づいた内容にすべきだと考えます。

現在、多くの学校で「いじめ撲滅」「いじめゼロ」「いじめ追放」「許さないいじめ」などのスローガンが掲げられていますが、むしろそれが過度の同調圧力を生み、はみ出すものを排除する危うさがあります。（注）これは、戦時中のスローガンにもどこか似ています。「贅沢は敵だ」「欲しがりません勝つまでは」「パーマネントはやめましょう」「日本人なら贅沢はできないはずだ」「進め一億火の玉だ」など。この強力な圧力に異議をとなえたり、はみ出す者は、「非国民」として排除と迫害の対象となり、時には逮捕され、拷問を受けました。

（注）鈴木翔（『教室《スクール》・カースト』の著者）は、次のように指摘しています。いじめを憎む心もいじめを生みだす。

２０１３年内閣府調査では、「いかなる理由があっても、いじめをしてはいけない」に肯定的な回答が９割強。しかし、それがいじめ解決に結びつかないどころか、実はいじめへの嫌悪感の強さや正義感の集合体もまた、いじめを生みだしやすいという逆説的な関係が、現代のいじめ問題のなかに内包されている。（林尚示・伊藤秀樹編著『生徒指導・進路指導』第二版、２０１８年、学文社　１０８頁）

２●どう授業をするか
——いじめ追放宣言をあげればいじめはなくなるのか？

この教材は、次のようなテーマで議論したらどうでしょう。

◯いじめ追放宣言の内容について、感じたことや思ったことを出し合う。
生徒　宣言の内容には無理があると思う。いじめに立ち向かうなんて私はできない。
生徒　この宣言に書かれていることはまったく正しいと思うけれど、正しすぎてついていけない。
生徒　この宣言どおり実行できる人なんていないんじゃないかなあ。
教師　じゃあ、どのような宣言だったらよいと思う。それとも君たちは宣言を作ること自体に反対、ないしは意味がないと言っているの？

このような展開によって深い話し合いにすることができそうです。ステキボードについても「わざとらしいのでいやだ」「きれいごとだ」「でも誉められたらうれしい」など、面白い議論になりそうです。可能であれば、総合の時間や社会科と連動させて、世界の人権発展に大きな影響を与えた「宣言」や「条約」を紹介し、学び合うことも大切です。たとえば次のような宣言や条約を扱ってみたいものです。

アメリカ独立宣言、フランス人権宣言、世界人権宣言、子どもの権利条約、女性差別撤廃条約、核兵器禁止条約（日本は決議案に反対している）、障害者差別禁止法、など。

4 同調圧力を強める一致団結の強調

道徳教材では、合唱コンクールをめぐって、一致団結の大切さを強調する教材（学研3年「私たちの合唱コンクール」）、最優秀賞をめざして「みんなで心を一つにして練習しよう」という同調圧力（注）の中で苦しむ子どもの姿を描いた教材（教育出版2年「最優秀」）などがあります。しかし、どの教材も生徒たちの気持ちの持ち方を問題にするばかりで、合唱コンクールそのものの問題点は問われていません。そうだとすると、合唱コンクールをどうするのか、どう考えるのかを問わなければなりません。

「最優秀」

出典：『中学校道徳　2年』教育出版、作者不詳

校内音楽祭の練習で最優秀賞をとろうとクラスみんなで話し合った。主人公はアルトのパートリーダー。

なかなか音が合わないので、土日も練習することになった。しかし恭佳が遅刻。翌日曜日の練習にも姿はなかった。月曜日、恭佳は「嫌がらせを受けていて学校へ行きたくない」と学校を休んだ。「歌が下手なのは悪いと思っているから、みんなに迷惑をかけないように努力してきた。なのに、ハーモニーの邪魔になるから声を出さないで口パクしろと言われたらしい。何か心当たりはないかな」と担任から事情を聞かれる。恭佳となかよしの私は恭佳のお母さんからも事情を聞かれたが……。

（この教材の内容項目は、C―（11）公平、公正、社会正義『正義と公正さを重んじ、誰に対しても公平に接し、差別や偏見のない社会の実現に努めること』となっています）

1 「合唱コンクール」のあり方そのものを問う

この教材は、テーマが、「よいクラスとは、どんなクラスだろう」となっています。文末の発問は「私は、どうすればよかったのだろう」「電話のあと、あなただったらどうしますか」「差別や偏見のない社会をつくるためには何が必要か、話し合ってみよう」です。これは、個人の心の問題ではなく、「合唱コンクール」の過度の同調圧力による排除の問題のはずです。システムを問い直し、子どもたちがどうすれば平和的に共存できるかという、社会政策の問題です。「合唱コンクール」のあり方そのものを問わなければなりません。そのために教師はどのような働きかけをすべきなのかも問わなくてはなりませんが、まったく不問に付されています。

「合唱コンクール」のあり方について、私は次のように考えています。文化祭などが減少する中でも、合唱コンクールは現在、多くの学校で実施されています。合唱コンクールの取り組みを利用して学級をより向上させようという実践をよく見聞きします。しかし、合唱コンクールそのもののあり方や是非を子どもたちが問い直すような実践はほとんどありません。どうしてなのでしょうか。

合唱コンクールは、一般的に学級単位で賞を競います。合唱が苦手な子、音の取れない子、歌うことが困難な子、学級全員で強制的に歌う合唱そのものに拒絶反応を示す子、いやいや伴奏者になる子（学生の体験談より）、毎日の練習（中には朝練、昼練まで行う学級まである）が嫌だと思っても「みんなで心ひとつに」とか「中学最後のコンクール。団結しよう」などと言われて合わせざるを得ない子、「口パクで歌え」などと排除される子、など、学級にはさまざまな苦痛を抱えた子どもたちがいます。

生徒たちの主体的な意志ではなく「やらされている行事」ではないでしょうか。「やらされている行事」を、かなり無理をして「子どもが主体的に取り組む行事」というふうに表書きを変えようとして、苦労する実態が多くあるのではないかと思います。「教科道徳」では、教師が、次のような問題意識をもって、授業を組み立てたいものです。

①　現在の合唱コンクールでも十分、子どもたちの自主性や自治のちからがつく。取り組む過程でのトラブルの解決などを通じて、子どもたちの関係性も変えることができるので意味がある。
②　合唱コンクールの内容を一部変更する。たとえば、ダンスを取り入れる。合奏を入れる。語りをいれる……などの工夫をして困難な子どもも参加しやすいようにする。
③　合唱コンクールを続けるかどうか、その意義を含めて子どもたち自身に討議・討論させて、その結論に任せる。
④　合唱コンクールを「合唱祭」にする。コンクール形式をやめる。実際に変えた学校もある。

⑤　合唱コンクールを廃止する。

体育祭の定番、大縄跳びも同様の問題を抱えています。体育祭の種目を、「ゆるスポーツ」や「パラ・種目」を参考に、もっと楽しく、多様なものにして、子どもが多彩に活躍できて楽しめるようなものに変える方向はないものでしょうか。生徒会の子どもたちとだけでなく、多くの子どもたちと意見交換したいものです。

いじめの起きにくい環境をつくることが教師の重要な仕事です。合唱コンクールや全員参加型の大縄跳びは、同調圧力が強くなり、いじめや排除を生みやすい傾向があります。個人の心がけで解決できることではありません。何のために合唱コンクールや大縄跳びに取り組むのかをはっきりさせ、学級や生徒会で話し合うべきです。

2●どう授業をするか

できれば次のようなテーマで、話合わせたいと思います。

1．君たちも恭佳と似たような経験をしたことはないだろうか？
2．恭佳のような苦しさをなくすには、どんなことが必要だろうか。

1や2のテーマで話し合うことで、合唱コンクールをはじめとする、強制力の強い行事をどうするのかについて、生徒と意見交換を行うことができます。そのことを通じて、子どもたち自身で、学校行事の意味や意義について新たな視点から考えられるようになります。これは、「インクルーシブ教育」のあり方とも関り、重要な課題であると考えます。

次にもう一つの合唱コンクール教材について考えます。

「私たちの合唱コンクール」

出典：『中学校道徳　3年』学習研究社

中学最後の合唱コンクールに向けて、「絶対優勝する」ために放課後も、朝礼前も、昼休みも練習。乗り気でなかった仲間も徐々に乗ってきた。優勝候補と目されたが、本番では入賞を逃す。しかし、一緒に練習した1年生から「みなさんのような3年生になりたい」との色紙が届く。卒業式後、合唱コンクールの曲をもう一度みんなで歌った。

（この教材の内容項目は、C―⑮よりよい学校生活・集団生活の充実『教師や学校の人びとを敬愛し、学級や学校の一員としての自覚をもち、協力し合ってよりよい校風をつくるとともに、様々な集団の意義や集団の中での自分の役割と責任を自覚して集団生活の充実に努めること』となっています）

1●お決まりの「感動ツール」の教材

合唱コンクールについての基本的な考え方は、2年教材の「最優秀」と同じです。合唱コンクールや大縄跳び教材は、お決まりの「感動ツール」でもあります。「団結」「心を一つに」などの決まり文句が並びます。この教材はさらに綺麗で感動をよぶようにつくられています。文末には「卒業式の後で合唱曲を歌う3年3組の一人ひとりの心には、どんな思いがあっただろう」と、感動的な答えが見え見えの発問が続きます。その後の「クローズアップ」には、「心に響く言葉」として名言が並べてあります。「一致団結」「自分がもっているもので、自分の場所で、できることをやりなさい　セオドア・ルーズベルト」「人間の器は、その人間が進んで引き受ける責任の重さによって測ることができる。　エマーソン」など。

2●どう授業をするか
――合唱コンクールはなくすべきか？

このクラスは、絶対、優勝するために、放課後はもちろん、朝礼前、昼休みと、1日3回練習することになっていますが、いったいどのように決めたのでしょうか。決めるときにどんな意見が出たのでしょうか。反対意見は出なかったのでしょうか。さまざまな疑問が浮かびます。子どもたちからもきっとそのような疑問がでることと思います。そうなると、予想される討論のテーマは次のようになります。

教師「絶対優勝するために、1日3回練習するという提案を実行委員がしたら、君たちはどのような意見を言うだろうか」

教師「こんなにみんなのこころがばらばらのまま合唱コンクールを終わらせていいのか。『俺、精一杯頑張るから、みんな俺についていきてくれ』という指揮者の発言。『みんな頑張ろうよ』という泣きながらのパートリーダーの訴えをどのように感じたか」

教師「そもそも合唱コンクールって何のためにあるのか」

教師「合唱コンクールはなくしてもよいのではないかと先生は思っているのだけれど、君たちはどう思うか」

（注）「同調圧力」については、菅野仁『友だち幻想』（ちくまプリマー新書　２００８年）が有効な教材となります。特に、「第三章：共同性の幻想……なぜ『友だち』のことで悩みは尽きないのか」を教材化し、子どもたちとともに読み合うだけでも有効です。

5　子どもたちの現実との乖離・時代錯誤な物語

道徳教材は、内容項目（徳目）に合わせるために無理に作文したもの、小説の一部分を切り取ったもの、いったいいつの時代のことかと思うようなものが多くあります。そのため、今を生きる子どもたちの生活現実と乖離し、子どもたちにとっては実感をもって受け止めにくく、絵空事のように思えてしまうことでしょう。次のような教材はどのように扱えば今の子どもたちにとって有効なものとなるのかを考えてみます。

「いつも一緒に」

出典：『中学校道徳　1年』学校図書　作者：西野真由美

真理子とみゆきは親しい友だち。一緒にバレーボール部に入部。みゆきは、いつも宿題を真理子に見せてもらっている。みゆきが1年生でただ一人レギュラーとなる。真理子は部活へ出ることに気が重くなりいらいらしだす。ある日、宿題を見せてと言うみゆきに、激しい声で「私はあんたの宿題係じゃない」と言う。恵子が真理子に「みんなでみゆきを無視しよう」と言い出す。真理子もみゆきを無視する態度をとるが、みゆきに「今みたいなやり方、ずるい、卑怯だよ」と言われる。やがて、恵子が親しい友だちにみえた由里を嫌いだ……と言い出す。真理子は、みゆきともう一度やりなおしたい。本当の友だちとして、と思うようになる。

（この教材の内容項目は、B―（8）友情、信頼『友情の尊さを理解して心から信頼できる友達をもち、互いに励まし合い、高め合うとともに、異性についての理解を深め、悩みや葛藤も経験しながら人間関係を深めていくこと』となっています）

1●皮相的でジェンダーバイアスな教材

内容項目の「友情と信頼」「本当の友だちをつくっていくために大切なことはどんなことか（文末の発問）」のために子どもの複雑さや実態を知らない大人がつくった作文のように思えます。子どもたちのセリフが現実の中学生の言葉とは思えず、リアルではないので、他人事のように感じてしまいます。子どもの世界を知らない大人が創作した架空の物語です。たとえば次のような言い方を今の中学生はまずしないでしょう。

「真理ちゃん。あなたいいように利用されちゃってるのよ」「あの人レギュラーになったもんだから、いい気になって威張ってんのよ。はっきり分からせてやったほうが本人のためなのよ」と恵子のセリフ。恵子にいつもくっついている由里がかわいい声で言う「そうそう、恵子のいう通りよ。真理ちゃんかわいそうよね」とのセリフなど。

これらのセリフは、作者自身の人生観や他者認識が明瞭に表れています。作者がこのような人間の見方をしているのでしょう。作者自身が似たような振る舞いをしてきたのかもしれません。また、由里の扱い方も気になります。「恵子にいつもくっついている由里もかわいい声で言う」という描き方は、女子への偏見や決めつけがあります。

このように皮相的でジェンダーバイアスのもとにつくられた教材は本来、使うに値しませんが、もしこの教材を使うとしたら、①人間の陥りがちな、恨み、嫉妬、反感（ルサンチマン）とその対処の仕方、②恵子や由里の行動の裏側にあるものを考え合う、③この学級をどうしたらよいのか……に焦点を当てて討論します。

2●どう授業をするか

1　行動の裏にあるものを問う

教師は、次のような論点を用意しておいて、必要に応じて提起します。

○真理子はどうしてイライラするのか。
○恵子はなぜ、いじめを次々に行うのか。恵子はどのような子なのだろうか。
○由里はどのような子なのか？　由里の行動をどう思うか。
由里はどうしてこのような行動をとるのか。
○担任が登場しない。どうして？
○男子が登場しないのはなぜ？　男子ではこのようなことはないのか？

○このクラスを居心地がよいものにするにはどうしたらよいか。

真理子のイライラの原因を考え合いながら、「人間の生にとって必要な負の感情として、ルサンチマンには人間の本質的な何かがある。ルサンチマンは誰にでも起こりうる感情」（菅野仁、前著）であることを前提にして、「真理子のような（恨み、反感、嫉妬）を持ったことはないだろうか」「ルサンチマンをなくすことはできるだろうか」「ルサンチマンとうまく付き合う方法はないだろうか」……このようなテーマで話し合えれば、子どもたちの思考は、かなり深まるはずです。

2 恵子や由里の行動の原因を問う

次に、恵子はなぜ次々といじめをするのかを子どもたちとともに分析し合います。

子どもたちから、さまざまな見解が出されます。

「きっと、友だちがいなくて寂しいんじゃないか」

「部活に参加していないみたいだし、信頼できる仲間もいないから、そんな自分がいやなんじゃないか」

「いつも不安とか自分への不満で一杯だから、逆に人につらく当たることで、それを解消しようとしてるんじゃないか」「小学校の時いじめにあい、中学校になったら逆に強くみせることで、いじめからのがれようとしているのかも」

「親とうまくいってなくてつらいんじゃないか」

「だから、恵子は、本当は弱い人なんだ」など。

このように分析をすすめることで、子どもたちは、いじめに潜む原因や、実はいじめの加害者も弱者なのかもしれないなど、いじめはいけない、悪であるという単純化から脱却し、リアルな視点で我がこととして、いじめ問題を考えるようになります。

「由里はどうしていつも恵子にくっついていて、かわいい声で同調するのか」についても子どもたちと分析し合います。


「きっと強く見える恵子と一緒ならいじめられずにすむとおもっているからだ」

「由里も小学校の時、いじめにあったのかもしれないよ。だから恵子にくっつくことで必死に自分を守ろうとしているんだ」

「かわいい声をだすことで、自分は弱い人です。守ってよというサインをだしている」

「かわいい声をだすと、男子からちょっかいをだされないと思っている」

「そうすると、かわいい声は本当の由里ではないのかも知れない」

「そうだ。無理して可愛いキャラを立ててるんだ」など。


このように分析を進めると、人間はだれでも弱さや葛藤があることが明確に子どもたちに自分たちのこととして認識されるようになります。いじめの克服にとって、このことが大切なことなのです。

3 居心地のよいクラスにするためには？

次に「このクラスはどんなクラスなのか」について分析し合います。「担任の先生が信頼されていない。だって、だれも相談していない」「男子はわからないけれど、女子たちにとってこのクラスは居心地が悪そう」「いつもいじめられないかとピリピリして過ごしているみたいだ」「いつもだれかが攻撃されるようないやなクラスだ」「話合いとかしないのかなあ」「男子たちだっていじめに気づいているはず。見て見ぬふりをしていて問題だよ」「このクラスは、きっと男子たちにもいじめがあるし、居心地がよくないと思う」など。

こうして子どもたちは、この学級集団の差別と排除の構造に気づいていきます。個人の葛藤や苦悩は、実はそれを囲む集団の問題でもあることを認識しはじめます。これは、日本の貧困、格差の拡大や差別は社会構造の問題、政治のあり方の問題であることと同じです。そこで教師はこの後、次のような問いを投げかけ子どもたちに考えさせます。

「このクラスを居心地のよいものにするにはどうしたらよいだろうか」。この問いに結論はありません。各グループで話し合い、ポスターセッション方式で発表し合うなど、工夫を凝らして行います。グループで作業をすることで、子どもどうしの共同も進みます。

以上の論点をすべて行うことは時間的に無理があるので、いくつかに絞って実施します。また、この授業は、4月か、5月の早い時期に実施すべきです。なぜなら、いじめが顕在化してからでは無意味であるどころか、「この教師は、自分のクラスの現実のいじめに気づきもしないで授業をやっている」と、大きな反発と不信をかうことになるからです。

2013年に文科省は「いじめ防止対策推進法」を制定しました。この法は、いじめの厳罰化をうたい、子どもたちの現実や、子どもたちと教師がちからを合わせ、試行錯誤しながら乗り越えるべきいじめ問題を、力づくで、権力的に抑え込もうとする傾向があります。ですから、この政策は、教師、生徒、保護者をむしろ分断させるものだとも言えます。いじめ問題の克服は、学級集団の差別的構造を学級の課題として、子どもたち自身のちからで平和的で、安心できる関係へとつくり変える中でしか解決できないからです。

「卒業文集最後の二行」

出典：『中学校道徳　3年』日本文教出版　他4社に掲載されている。

主人公が小学生だったときの話（昭和30年代）。同じクラスにT子さんがいた。彼女は早くして母親をなくし、貧困家庭で、二人の弟の世話もしている。服装もみすぼらしい。「汚いからもっと離れろ」「臭いから誰もT子に近づくな」「毎日風呂に入って頭を洗ってこいよ」などと彼女をいじめた。漢字テストの時に、主人公はT子の答案をカンニングして満点を取り先生に褒められる。T子は98点。悪童たちはT子が主人公の答案をカンニングしたと騒ぐ。主人公も「やっぱりおめえは私の答案をみたんだ。ずるいと思わないのか」となじる。T子は「着ているものや髪はきたねえかもしれないけど、心はきたなくないです」「私をどこまでいじめれば気が済むの」と泣きながら教室を出てしまう。卒業文集の最後の二行に「私が今一番ほしいのは母でもなく、本当のお友だちです。そして、きれいなお洋服です」とT子は書いた。それを読んだ主人公は衝撃を受け、30年以上たった今でも、いじめたことへの後悔から忍び泣いている。

（この教材の内容項目は、C―（11）公平、公正、社会正義『正義と公正さを重んじ、誰に対しても公平に接し、差別や偏見のない社会の実現に努めること』となっています）

1●古い時代の教材で、現在と大きな乖離

この教材は、「行商」「不遜」「尻馬に乗る」「悪童」などの用語をはじめとして、内容がとても古い時代の（昭和30年代）ものです。いじめの内容も、現在の子どもたちの実態とズレがあり、中学3年生の子どもたちにとっては、どこか違う世界の物語としか思えないでしょう。

異質な子の排除によるいじめもあるものの、現在の子どもたちのいじめの特徴は、誰がいついじめの標的になるかわからない、集団の中で次々と加害と被害が変わっていくものが多くなっています。そのため、加害者側も被害者側も周囲の生徒も、常に人間関係や場の空気に敏感にならざるをえず、できるだけ目立たないように気配りをし続けることが日常化しています。このような、現在の子どもたちの生きづらさとこの教材の内容には大きな乖離があると言わざるを得ません。

この教材で最も問題なのは、学級の担任やまわりの教師たちがT子へのいじめ、というよりも出自や家庭環境、容姿への差別と迫害に気づかなかったということです。これだけ露骨な差別と迫害があるにもかかわらず、それに気づかず、何の対策も講じなかったとしたら教師の怠慢と責任です。

卒業文集の最後の二行を、当然教師たちも読むはずです。どう思ったのでしょうか。もし筆者が担任だったら、T子への申し訳なさと何もしてやれなかった自分への情けなさで、自分を責めるでしょう。そして、T子にまず

心から謝ります。同時に学級の子どもたちにも自分の至らなさを謝ります。大人や教師が真摯にいじめの事実に向き合う姿や、至らなかったことを認め、反省する姿勢を見せることが、子どもたちが自身の振る舞いはどうだったのかを振り返るためのメッセージにもなります。

しかし、この教材は、教師や学校の責任のほうが重大問題であるにもかかわらず、いじめの責任のすべてを生徒個人の自己責任に転化しています。T子の家庭環境を教師は当然知っているはずです。4月当初から、T子のようすやT子に対する学級の子どもたちの態度を注視し、差別的な言動が少しでも見られたら、すぐその場で「それはいじめであり差別である。教師としてそのような言動は絶対に認めない。もちろんT子だけでなく誰に対してもである」と宣言すべきです。教師をはじめとして大人がまず被害者を守る立場を鮮明にすべきなのです。また、このいじめの背景には、T子の家庭への大人たちの差別的な言動の影響もありそうです。

作者は30年間も「罪業」を抱え、しかも「忍び泣いている」とありますが、滑稽で大げさです。「忍び泣く私」という表現も子どもたちには理解しがたいものです。このような心情的な物語を読ませることで、子どもたちに「いじめをすると30年も忍び泣くことになるぞ」という脅しのメッセージを伝えようとしているように思えます。しかも、このような脅しが、いまを生きる子どもたちに伝わると思っているとしたら、それはいまの子どもたちの現実をあまりにも知らなさすぎます。

2●どう授業をするか
――いじめの被害者にも責任があるのか？

○T子が、担任にいじめの事実を言わなかったのは、なぜか？

○担任や他の教師たちは、T子へのいじめを知らなかったのか？　知らなかったとしたらどうしてか。

○T子の味方をする人はいなかったのか。T子へのいじめを教師や大人に知らせる人はいなかったのか。また、いなかったとしたらそれはなぜか。

○どうしてT子はいじめの対象となったのか。

○T子の家庭環境や服装の汚さなどが原因だとしたら、T子にもいじめられる原因があるということか。

まず、この教材のT子へのいじめは、「野蛮な差別、迫害であること」を教師がはっきりと指摘し、教師や大人の責任が大きいことも明言するべきです。

次に、この教材からさらに発展させて、差別や迫害について、子どもたちにより深く考えさせたいものです。いじめの被害者にも原因があるという論調が、いまだにまかり通っています。だからこそ、「T子にもいじめられる原因があったのか」という問いをめぐって、子どもたちと討論する必要があります。そこでは、「理由があれば人は人を傷つけてもよいのか？」「人を傷つけてもよい権利をもって生まれた命はあるのか？」が討論の中心になります。討論の後、現実のいじめで自死した子どもの遺書や、家族の手記などを用意し読み合うことで、より子どもたちの思考は深まります。

また、「30年間も忍び泣く」という記述は大げさな表現ですが、いじめの被害者や加害者の次のような体験談を紹介することも必要であると思います。

○いじめにあっている友だちの姿をいつも目にしていることは本当につらかった。

○友だちが傷ついているのにどうしたら守れるのかわからなくて、何もできない自分を責めていた。
○大人は「傍観者も加害者だ」というけれど、友だちを守れない苦しみ、もしなにか行動すればかならず自分に仕返しがくる恐怖、次は自分がターゲットになるという圧倒的な恐怖感を大人にも理解してほしい。
○いじめられることはもちろん、この世の終わりのようにつらいが、「いじめる」という行為でしか気持ちをぶつけられないことも同じくらいつらい。

廣済堂あかつきは、この教材をもとに、「いじめる人の卑劣さ、同調する人の醜さ、傍観者の卑怯さをとらえ、いじめをなくすために必要な心について考える。いじめをなくすにはどのような心でありたいか」との発問が用意されています。現在の子どもたちの現実をまったく理解せず、いじめ問題を非常に矮小化した視点からのこのような誘導は、子どもたちをさらに追いつめるか、「この先生は何もわかっていない」と教師への不信を募らせることになりかねません。

3 ● 異質な者の排除、差別、迫害の視点から発展的な学習へと結びつける

大津市中2いじめ自殺事件の調査報告書があきらかにしたいじめ問題への考え方や、対処の仕方などの教訓はいったいどこに生かされているのでしょうか。まったく顧みられていません。

この教材を異質な者の排除、マジョリティによるマイノリティへの差別、迫害の視点から発展的な学習へと結びつけることもできます。マジョリティによるマイノリティへの差別や迫害は枚挙にいとまがありません。子どもたちの視野を社会の問題へと広げ、多様な視点から社会や世界の見方を育むためにも、総合的な学習の時間や教科

の学習とリンクさせて、社会で起きている現実を教材化して学ぶ機会をつくりたいものです。
たとえば、相模原障害者殺傷事件を取り上げ、内なる優生思想や内なる差別意識について、子どもたちと教師が一緒になって考え合う授業を構想してもよいと思います。

「ぼくはたぶん……優生思想のもちぬしだとか糾弾されるんでしょうね。ナチスにむすびつけられたりして……ね。優生思想といえばいかにもわるいみたいになる。でも、いまって、優生思想が社会のすみずみまで合法的にゆきわたった時代じゃないですか」「〈優勝劣敗はこの世の常〉とかいうでしょう。優勝劣敗はもうわるいことじゃない。当然になったのです。あたりまえに。いや、あたりまえをとおりこして、優勝劣敗は社会の基準になりました。」

これは、小説家辺見庸の最新作「月」（角川書店　2018年10月）の一節です。この作品は相模原障害者殺傷事件をモチーフに、「内なる優生思想」や「内なる差別意識」について正面から描いています。犯人が語る言葉を教材化して、子どもたちと話し合いたいものだと思っています。中学生であれば十分理解できるでしょう。内容項目（徳目）のためにつくられた道徳教科書の教材では、とうていかなわない人間の本質に迫るような迫力ある記述に圧倒されます。

「五月の風―カナ―」「五月の風―ミカ―」

出典：『中学校道徳　2年』日本文教出版　作者不詳

カナは、スマホを買ってあげると祖母に言われたとき、高校生になるまでスマホはいらないと断った。スマホを持たないカナは、吹奏楽部のメンバーと買い物に行くことになっていて、待ち合わせの場所に行くが、待ち合わせ場所が変わり、待ちぼうけをくった。友人のミカがいつも連絡をしてくれるようになっていたが、今回は連絡しなかった。その夜、ミカは、カナの信頼を裏切ったことで、涙があふれてきた。翌日学校へ行く途中、カナは思い切って「ミカ。私、スマホを持っていなくてごめんね。ミカには迷惑かけちゃうけど、何かあったら、また教えてね」と声をかける。ミカの瞳にみるみる涙がふくらんできた。「ミカ、何泣いているの。友だちだよ、私たち。」とカナ。並んで歩く二人の心の中を五月の風が吹き抜けていった。

（この教材の内容項目は、B—（8）友情、信頼『友情の尊さを理解して心から信頼できる友達をもち、互いに励まし合い、高め合うとともに、異性についての理解を深め、悩みや葛藤も経験しながら人間関係を深めていくこと』となっています）

この教材の前段には、次のような視点が記述され、その後、「いじめ」に関わるいくつかの教材が用意されています。

「いじめ」と向き合う

「いじめ」は、人間として許されない行為です。しかし、それがわかっていても人間関係の中でささいな出来事や社会の中のさまざまな問題が、「いじめ」につながる場合があります。人の関係や社会の問題についても学びながら、みんなで考え、議論してみましょう。

この問題提起はよいと思います。また、最後に、「人権課題への取り組み」というテーマで、世界人権宣言や、日本の課題として、女性に関すること、子どもに関すること（いじめ、体罰、児童虐待）、性的志向に関すること、障害のある人に関すること……などが挙げられています。この部分は補足の資料を用意すれば、利用できます。

しかし、最初に取り上げられている「五月の風―カナ―」「五月の風―ミカ―」という教材には、疑問点や課題があります。

1●きれいごとづくしのストーリー

カナは、高校生になるまでスマホはいらないと祖母に断っています。貴重品だから壊したり、なくしたりしたら大変だし、時間の使い方が悪いと母に怒られているからです。

いまどきの中学生では、あまりあり得ない話です。その後二人は声をかけ合うことで仲を取り戻しますが、そんなにきれいに事が運ぶものでしょうか。文末は、カナがスマホを持っていなくてごめんねとミカに謝り、ミカが涙を見せると、「ミカ、何泣いてるの、友だちだよ、私たち」「並んで歩く二人の心の中を、五月の風が吹き抜けていった」と記述されています。不自然な話です。スマホを持たないことはカナ自身が決めたことです。なぜ持たないことを謝らなくてはならないのでしょうか。

このきれいごとづくしのストーリー、そして、「五月の風が心の中を吹き抜けた」というこの終末の情景の薄ぺラな表現は、小説や児童文学の作家が読んだら噴飯ものでしょう。「貧相な抒情」（嵐山光三郎）です。中学生の子どもたちの現実感覚と大きく乖離してもいます。

文末には次のような発問が用意され、子どもたちの思考を誘導します。「ミカに向かって、友だちだよ、私たちと言ったとき、カナはどんな気持ちだったのだろう」「あなたはよい友だちをつくろうと考えるだろうか、それとも自分がよい友だちになろうと考えるだろうか」。さらに「学習の進め方」まで用意されていて、「ミカは、どうしてベッドの中で声を抑えて泣いたのだろう」「カナから、ミカ、何泣いてるの。友だちだよ。わたしたち、と言われたとき、ミカはどんなことを考えたかを話し合おう」などの発問が続き、ミカやカナの心情をしつこく分析させようとしていますが、物語自体にリアリティがないので、考えることを苦痛に思う子どももいるはずです。

さらにこの教材の後にも、「自分の考えを見つめよう」というコーナーがあり、自分の心の持ち方を執拗に見つめ、改善させようとしています。「心の持ち方」を執拗に分析させることで、いじめがなくなるわけではありません。それどころか、よりよけいなストレスがたまりかねません。生徒は「こんなどうでもよいことでいちいち時間をかけるなよ。くだらない」と思うでしょう。従順に指示通り考える子どもよりも、反発したり、疑問を感じる子どものほうが、健全な感覚をもっていると言ってもよいのではないでしょうか。

2●どう授業をするか
――スマホは人間を幸福にしたか?

子どもたちからは、つぎのような意見が出そうです。

○せっかくスマホを買ってくれるっていうのに断るなんてありえない。
○スマホを持たないことを謝るなんておかしいよ。
○自分だったらミカに、ちゃんと連絡してよね、とストレートに文句を言うよ。文句も言えないような友だち関係なんて変だ。

○いじいじと泣くくらいならはっきり言えばいいんだよ。
○変に気をつかう友だち関係って疲れるだけだ。
○私は、わかるな。男子にはわからないと思うけど、女子って結構気をつかって付き合うことが多いよ。

学級の実態によっては、疑問やテーマが出にくいこともあります。その場合は教師が用意しておいたテーマを提起します。

これらの中からいくつかに絞って意見交換をします。特に「私は、わかるな。男子にはわからないと思うけど、女子って結構気をつかって付き合うことが多いよ」をめぐって、本当に女子特有の問題なのか、もしそうだとしたら、それはなぜなのかを考え合うと、深まった授業になりそうです。教師が適切な補助発言ができれば、日本社会の女性の置かれている現実に迫れる可能性があります。

また、「この教材のようなことが起こるからスマホやケータイをみんな持つべきである」「スマホの利用料金は高いのか?」「スマホは人間を幸福にしたか?」などのテーマで討論すると、子どもたちの思考がより深まり、視野が社会へと広がるものと思います。

6 授業にうまく使えるいじめ教材

いままで見てきたように、「教科道徳」教科書には、「はてな？」と思うような教材が多いですが、中にはこの教材ならば、比較的安心して使えそうだというものもあります。ただ、そのような教材も、もっとふくらませたり、子どもたちの実情に配慮しながら利用する必要もありそうです。いくつか例を挙げます。

「いじめが生まれるとき」

出典：『中学校道徳　1年』光村図書

イラスト……二人の男子が、Aの体操着袋を投げ合っている。それを見たBさん（女子）は、「またAがからかわれている。本当は嫌がっているのでは……。でも……」と思う。

文末の発問として、「どうして注意できないか？　注意する以外の方法はないか？」とある。

（この教材の内容項目は、C―（11）公平、公正、社会正義『正義と公正さを重んじ、誰に対しても公平に接し、差別や偏見のない社会の実現に努めること』となっています）

1●現実感がなく、具体的に考えにくい

この男子3人の関係の説明がないので、どう考えてよいか不明確で、現実感がありません。Bさんがどんな立場かもわかりません。「教科道徳」教材は、登場人物の関係や、背景などが詳しく描かれていないものが多く、具体的に考えにくい傾向があります。

学級の子どもどうしの関係が民主的に開かれていれば、「それはやりすぎだ」と言えるはずです。いじめの起きにくい、起きても早期に解決しやすい集団をつくることが重要ですが、そのような視点がありません。

ただ、「直接注意する以外のいろいろな方法を考えよう」について、子どもたちとともに、アイディアを出し合うことはできそうです。4月、学級が始まって早いうちに授業で扱ったほうがよいでしょう。いじめが起きている集団では、「なにをいまさら。この教師は何もわかっていない」と逆に不信をかうだけになりかねないからです。

2●具体的に考える方法

荻上チキの提起（荻上チキ著『いじめを生む教室』PHP新書　2018年）を参考に、さまざまな方法についてまとめてみました。

1　仲裁者

文字どおり、注意してやめさせようとすること。逆にいじめのターゲットにされたり、言い逃れされたりするリスクがあります。仲裁者を増やそう、仲裁者になれとよく言われますが、そう簡単になれるものではありません。

2　通報者

いじめを見たら、大人、教師、場合によっては警察に通報すること。実際の大人社会でもこれが一般的ではないでしょうか。路上で暴力行為をみて、直接止められないが警察に連絡するとか、電車内であれば駅員に通報するなど。この通報者が最も現実的であると思います。

通報の方法は多様です。朝の会・帰りの会などで発言し公的な問題にする。直接教師に伝える。生活ノートに書いて知らせる。親に伝え相談する。信頼できる他者に伝える。紙にメモして教師に伝えるなど。この部分は子どもたちにじっくり考えさせ、いろいろなアイディアを出させたい。この作業自体が、いじめの抑制効果にもなりえます。

3　共感者(荻上は、シェルター＝避難所、逃げ場と表現している)

直接いじめの解決はできないけれど、「自分はいじめには加わらないよ。私はあなたの味方だよ」「あなたがいじめられているのを知っているよ。次にいじめられたときは相談に乗るよ」ということを被害者に伝える人。この共感者（シェルター）についても子どもたちに考えさせて、いろいろなアイディアを出させることができます。

3●話題の転換者

コミュニケーションの流れを転換する人。誰かの悪口で盛り上がりそうになったとき、別の話題に転換したりする人のことです。話題の転換方法についても子どもたちに考えさせます。きっと大人が考える以上の素敵なアイディアを子どもたちは考え出すことでしょう。

以上のように子どもたち自身が、さまざまなアイディアを出し合い、意見交換する中で、いじめ問題についての後ろ向きな発想から、「もし、いじめが起きたら、今日考えたいろいろなアイディアを駆使してみよう」といった、前向きで積極的な発想に転換できる可能性があります。

「僕たちがしたこと」

出典：『中学校道徳　3年』学校図書　作者：重松清

野口は井上を中心にクラスのみんなからいじめられていた。なんでも言うことを聞いてくれて便利だからという理由で「コンビニ君」とあだ名をつけられ、親の経営するコンビニの商品を持ってこさせられていた。しかし彼は、次々と無理難題をふっかけられても、「カンベンしてくださいよお。」「もう余力ないっすよ、あともう死ぬっきゃないっすよ。」と笑いながら言って、みんなが笑うと自分も笑って……いつも笑っていた。やがて野口は自宅で首をつった（未遂に終わる）。「僕」は一度だけ、野口からボトル入りのガムをもらった。僕はいじめに加わった一人かもしれない。でも、僕は野口を「いじめた」生徒ではないはずだ。野口の両親は家を引き払い、野口も転校した。「ごめんな」も「さよなら」も言えないまま、あいつは僕たちの前からいなくなってしまった。

（この教材の内容項目は、C―（11）公平、公正、社会正義『正義と公正さを重んじ、誰に対しても公平に接し、差別や偏見のない社会の実現に努めること』となっています）

1●子どもたちが深く学べる教材

重松清の作品。具体性や現実感があり、「いじめ」は人権侵害であり、時には人の命を奪い、人の人生を大きく狂わせることになることを子どもたちに深く学んでもらうことができます。

この教材からは、いじめがどのように深刻化し、被害者がどうして自死へと追い込まれるのかがよくわかります。精神科医の中井久夫は、いじめは、孤立化、無力化、透明化という経緯をたどることが多いと指摘しています（中井久夫著『いじめのある世界に生きる君たちへ』中央公論社　２０１６年）。同書での中井氏の指摘を要約すると次のようになります。

1　いじめのターゲットを決めて、相手を孤立化させる。
2　無力化……相手を「反撃は一切無効だ」と思わせ、観念させる。
3　周囲の人間はいじめがおこなわれていても自然の一部か風景の一部にしかみえなくなる、あるいはまったく見えなくなる透明化。

この状態になると、被害者は感情の面でも加害者に隷属していきます。ですから被害者は大人の前で加害者と仲良しであることをアピールしたり、楽しそうに笑う姿をみせたりもします。大人や教師から見るとそこに深刻ないじめがあるようには思えなくなります。

やがて被害者は、孤立無援で、反撃も脱出もできない無力な自分がほとほといやになり、少しずつ自分の誇りを自分で掘り崩していきます。

この教材の野口は、それまで自分の金で他店で品物を買っていましたが、それが彼のせめてものプライドだったのです。

しかし、アダルトコーナーの雑誌を持って来いと命令され、初めて自分の店で万引きをしました。家族への裏切り、取り返しのつかない「罪」を侵し、最後のプライドをかなぐり捨てた自分をついに許せないほど彼は傷ついて、自死を選んだのだと思います。どんなにつらかったことでしょう。きっと笑顔の裏で地獄の苦しみだったはずです。大津市第三者調査委員会報告書は、「被害少年は透明化の段階に達していた」、と中井さんの三段階論を援用しています。

この教材にも、教師が登場しません。教師は早期にこの事態に気づくべきでした。気づかなかったのはいくつか理由が考えられます。教師の怠慢、見てみぬふり、感度の鈍さ、野口の変な態度に気づいたとしてもそれが野口のただの特徴と思い込んでいた、生徒たちが巧妙だったなどが挙げられますが、4月からの学級集団づくりによって、日常的に民主的で解放的な生活指導がなされていれば、このような権力的な人間関係は解消され、いじめの抑止力になっていたはずです。

あるいはいじめの初期の段階で「通報者」が教師か大人に知らせ、克服への取り組みがなされていたはずです。また、「シェルター」が野口君の窮地をやわらげていたかもしれません。人は、いじめによる苦しみだけで死を選ぶのではなく、むしろ誰にもわかってもらえないという孤立感や絶望感によって死へと追いやられるのではないでしょうか。

2●どう授業をするか
——野口はなぜ、笑っていたのか？

この教材については、次のようなテーマで子どもたちと議論してみます。

○こんなにいじめを受けていても、野口はなぜ、笑っていたのか。
○教師は、どうしていじめを発見できなかったのか。
○加害者の井上は、なぜこのようないじめをしたのか。

加害者の井上をめぐっても、子どもたちからは、さまざまな意見が出そうです。「親と何かあってつらい思いを抱えていた」「もともと残酷な人間なんだ」「誰かをいじめていないと、自分がやられると思っていたんだ」など。井上はそのような葛藤を抱えていた可能性があります。

教師は加害者の井上の抱える葛藤を井上とともに読み解き、彼が権力的に他者を支配しようとしていたことを明らかにすることで、やっと彼は自分のした行為の問題点を自覚することができるのです。ここまできて初めて、被害者への心からの謝罪へと向かうことができます。

これは、大津市中2いじめ自殺事件の調査報告書があきらかにした教訓でもあります。授業では、以上のような視点をいじめ事件の教訓として、教師が子どもたちに語る必要もあります。

「がんばれ　おまえ」

出典：『中学校道徳　3年』光村図書　作者：重松清

主人公は、「暗いやつ」と言われ、いじめられ、自殺まで考えた。高校に入り、キャラクターを変え、面白いやつを必死に演じる。同級生の女の子を好きになる。彼のギャグが大好きと彼女は友人に語る。彼女は本当の「オレ」を知らないのだ。毎晩「明日はどんなことを言ってみんなを笑わせよう」と必死に考えていることを。放課後にみんなと別れて一人になると、ぐったり疲れ切って、にこりともしない「オレ」を。好きな女の子には本当のオレを知って欲しい。でも本当は「暗い」自分を……彼女は好きになってくれるだろうか……主人公の少年は、鏡に映る「おまえ」に、「がんばれ……。オレたち」と呼びかける。

（この教材の内容項目は、A—（3）向上心、個性の伸長『自己を見つめ、自己の向上を図るとともに、個性を伸ばして充実した生き方を追究すること』となっています）

1●具体的で現実感ある教材

この教材も具体的で現実感があります。重松清からの子どもたちへの励ましのメッセージと受け止められます。学校は、「戦場化している」ともいわれています。学級の中でいじめられずにいかに生き残るか、そのためにはどのような「自分」を演出し芝居をすればよいのかに、戦々恐々としている子どもが多くいます。キャラを立てられない、あるいは周囲がキャラを立てて必死に生きていることを感じ取れない子どもは、いじめや排除の対象になりかねないという現実があります。ですから子どもたちは、中学時代、死のうとするほどのいじめにあい、キャラを変えた主人公のつらい気持ちや葛藤を共感をもって受け止めることができます。

文末の「がんばれオレたち」というメッセージは、実は「がんばれ君たち」と読み替えることができます。ある大学生は「今思うと、中学時代、同調圧力に悩まされていた。『変人』でいることにして、同調圧力から逃げる手段とした。変人でいることで自由なポジションを得たが、一歩間違えればいじめの対象になっていたかも知れない。」「学校そのものが同調圧力の塊のような気がしていた。だから出る杭は打たれるのではないけれど、そこから外れる子、目立つ子がいじめられる。私は出る杭にならないように必死だった」と証言しています。

2●どう授業をするか
――「がんばれオレたち」に込められたメッセージ

文末の「がんばれオレたち」とはどのようなメッセージなのかを一緒に読み解くことを中心に討論してみたいものです。討論を通じて子どもたちが、今ある自分をそのまま肯定し、自尊感情を少しでももてるように、そして、学級の仲間の振る舞いにも共感し、肯定できるようになるきっかけをつくる授業になればと考えます。

「君、想像したことある?」

出典:『中学校道徳　2年』廣済堂あかつき

僕は小六の男の子。いじめられている。いじめる側は遊んでいるだけ。いじめられるほうは苦しい。僕のパパとママは僕がかわいい。いじめている君のお父さんやお母さんが今の君を見てどう思うか想像してみてください。

（この教材の内容項目は、C―（11）公平、公正、社会正義『正義と公正さを重んじ、誰に対しても公平に接し、差別や偏見のない社会の実現に努めること』となっています）

1●説得力があるが考えなければならない問題がある

春名さんの実感のこもった書き方には説得力があります。読むだけでも何かを感じ取れるはずです。

しかし、この教材を使うには、考えなければならない問題があります。文末の七行です。「想像してください……世界中の誰よりも、自分の命にかえても、愛している人たちのことを」「……笑ったり泣いたりして君を育ててきた、君のお父さんやお母さんが、今の君を見てどう思うのか」。

虐待やネグレクト、一人親の子ども、児童養護施設から通う子どもたちなど、学級にはさまざまな家族の現実を抱えている子どもがいます。そのような子どもたちにとっては、酷な教材ではないでしょうか。春名さんの率直な表現はよいのですが、使うことを躊躇せざるをえない教材でもあります。

また、文末の学習の手がかりの問いは的外れです。「いじめをする人たちはどのような人間なのだろう」「春名さんはどんな思いで書いたのだろう」「あなたのまわりにいじめはないか。もし、いじめに気づいたらあなたはどうするだろう」「春名さんのように、いじめをしている君にたいして、あなた自身の主張を書いてみよう」など。せっかくの実感のこもった話がこれでは台無しです。

2●どう授業をするか
――加害者にはいじめの自覚はないのか？

もし私がこの教材を使うとしたら、前半を読むだけにして、「いじめる側の気持ちについて、春名さんの指摘は当たっていますか？　君たちの体験上、あるいは体験がなくても想像して書いてみて」と問いを立てます。

春名さんの指摘するいじめる側の気持ちとは……
・自分より弱いおもちゃでただ遊んでいるだけ
・相手を人間だと思っていない
・感情のおもむくまま、醜悪なゲームで遊んでいる
・被害者が苦しんで、泣いて、死んでも加害者は明日も笑ってご飯を食べる。いじめた人にとってはどうでもいいことなんです

この春名さんの指摘について、子どもたちからはいろいろな意見が出るはずです。「その通りだ」という意見と「違う。いじめをしている人の中にも、いじめている自分をいやだと思っている人もいる」「いじめをされている側から見たら、春名さんのように思えるだろう」など。子どもたちが書いたものを資料にして配布し、それを読み合ったあと、もう一度考えを書いてもらう。こうした紙上討論を通して考え合うことで、子どもたちの認識が深まります。また、「いじめの加害者はいじめているという自覚はない」とストレートに子どもたちに投げかけ、紙上討論

を行うという手法も考えられます。

7 いじめ教材、もう一つの授業方法

どう授業をするか、各教材ごとに説明してきましたが、ここでは「教材を違う立場の登場人物の視点から書き換える」という授業方法を提起します。その手法のほうが、子どもたちがより鮮明にいじめ問題を考えることができる可能性があります。具体的に見てみます。

1● 「自分たちにできること」（本書59ページ掲載の教材）

実際にいじめを受けている生徒の立場で、この教材を生徒たちに書き換えてもらいます。書き換えると言っても全面的に書き換えるのではなく、「いじめを受けている生徒がいたら、どんなことを思うだろう。つぶやきを書いてみよう」と指示します。きれいごとの「いじめ追放宣言」をいじめを受けている生徒は、どのように思うのでしょうか。現実に起きているいじめを無視して、このような宣言をあげることの意味のなさ、残酷さがあぶり出されることでしょう。また、この宣言を帰りの会で、クラスで唱和する最中に、いじめを受けている子どもは、どんな思いでいるのか想像できます。

日頃の生活で、友だちのすてきなところを認め合うための「ステキボード」は、いじめを受けている生徒にとっては、どのように映るのかも想像できます。自分がいじめられて苦しんでいることを置き去りにしたこのような取り組みの渦中で、集団への不信、教師への不信がより深まってしまいかねません。

2 「いつも一緒に」（本書69ページ掲載の教材）

由里の立場で、この物語を書き換えてもらいます。そうすることで、いじめの同調者の複雑でつらい思いが鮮明になります。「由里の気持ちをセリフとして書いてみよう」と指示します。たとえば、つぎのようなセリフが想定できます。

「とりあえず、恵子の言うとおりにしよう。恵子に同調する自分を見せておかないと、いつ自分がいじめられるかわからないからね。みゆきには気の毒だけど」「かわいい声をだしておけば私はいじめられずにすみそう。なんでも恵子の言いなりになるすなおな私を見せないと」

3 「卒業文集最後の二行」（本書75ページ掲載の教材）

T子の立場でこの物語を書き換えてもらいます。「T子の立場で、各場面でのT子の気持ちをセリフとして書いてみよう」と指示します。次のようなセリフが想定できます。「きたねえから、もっと離れろ」「毎日ふろに入って頭を洗ってこいよ」と言われた場面で、「くやしい。この人たちはひどい。好きで頭を洗わないわけじゃない。でも、言い返すともっとひどくなるから、我慢しよう。どうしてだれも止めてくれないの……。私はいつも一人」「先生に言うともっとひどくなりそうだから、我慢しよう。でもつらい。私は何も悪いことをしていないのに。どうして私ばかりいじめるの。だれか助けて欲しい。先生、はやく気づいてください。私はこの人たちを一生許さない」など。

4●「僕たちがしたこと」（本書88ページ掲載の教材）

野口の立場でこの物語を書き換えてもらいます。「野口の立場で、各場面での野口の思いをセリフにしてみよう」と指示します。次のようなセリフが想定できます。

「笑うしかないだろうオレ。笑わなかったらオレはもっとみじめになる」「でも、オレは一人ぼっちになるのは嫌だ。それが一番きつい」「オレが気にしていないふりして笑うとみんなも笑う。でも死ぬっきゃないっすよはオレの本当の気持ちだ。誰もわかってくれない。つらい。誰か、先生……助けてよ」

子どもたちは豊かで多様な想像力があります。一人ひとりの子どもが、それぞれの置かれている立場で、想像力を膨らませながらセリフを書くことと思います。

子どもたちが用紙に書いたセリフを集めて、教師はいくつか読み上げます。考えの異なるものをできるだけ取りあげます。それをもとに意見交換をします。いじめで追い込まれている子どもの気持ちをリアルに感じ取ることができます。この手法はほかのさまざまな教材でも使えます。

8 生活指導・集団づくりこそ、子どもたちの道徳性を育む──まとめにかえて

1●自尊感情を育む

道徳や道徳性とは何かについてはさまざまな見解があります。私は、長年の現場の教育実践を通じて、次のように考えるようになりました。道徳性を育む前提として、自尊感情を確かにもてているかが問われなければなりません。「自分は大切にされている」「ここに自分の居場所がある」「自分は生きていてよいのだ」「自分がまっとうに生きていることを認めてくれる、喜んでくれる他者がいるのだ」といった確信です。

自尊感情をもてれば（回復できれば）、自然に、他者に思いをめぐらせることができます。自分は他者に何ができるのか。他者も大切にしたい。苦しんでいる他者がいたら役に立ちたい。つまり利他的な行為を行うことができるようになる。これが道徳性の本質なのではないかと私は考えています。

子どもたちは根源的に、他者とともによりよく生きようとするちからを備えています。しかし、そのちからの上に幾重にも厚いシートが覆いかぶさり、そのちからを発揮しにくくなっていきます。厚いシートとは、たとえばネグレクト、虐待、貧困、過度の競争主義の教育、管理最優先の教育、商業主義、自己責任の風潮などです。「教科道徳」は厚いシートのはるか上から、「しっかりしなさい」「あなたの責任で頑張りなさい」「頑張れないのはあなたの心の持ち方のせいだ」と冷たい声をかけているようなものです。

教育は、そのシートを一枚一枚引き剥がす作業だと考えます。引き剥がすのは子ども自身です。教師は子ども

がその作業をあきらめないように励まし、支える者です。同時にそれは、子どもとともに教師自身のシートを引き剥がす作業でもあると言えます。

「教科道徳」教材の多くは、子どもたちの現実はさておいて、きれいごとの教材を読ませ、いじめはだめだとシートのはるか上から一方的に冷たい声を浴びせているだけです。子どもたちの生活現実を理解せず、一方的な道徳の授業をする教師を、子どもたちは決して信用しないでしょう。「この教師は何もわかっていない」とむしろ不信をかい、見くびられるのではないでしょうか。教室はさらに荒れる可能性があります。

2●それぞれの子どもたちの葛藤を理解して

いじめは、学級や集団の子どもたちの関係性の中で起こります。加担した子ども、はやしたてた子ども、見ないふりをした子ども、何とかしたいと思い苦しんでいる子ども、それぞれの子どもにそれぞれの理由と葛藤があります。その構造に指導が入らなければ、また同じ状況が生じる可能性が出てきます。

いじめについて、四層構造論（森田洋司著『いじめとは何か』中公新書　２０１０年）を踏まえて集団を分析して取り組む実践が一般化されてきました。つまり、いじめは加害者、被害者、観衆、傍観者の四層からなり、「傍観者ではなく仲裁者になろう」というメッセージを、伝える取り組みです。取り上げてきた「教科道徳」教材のほとんどがそのような組み立てとなっています。しかしそれは、今日の思春期葛藤の只中を生きる子どもたちの現実からすると不十分であると言わざるを得ません。

現在のいじめの現実は、加害者と被害者という単純な構造をしていません。加害者と被害者は交錯し、逆になることもあります。傍観者や無関心層の子どもたちは、いつ自分が次のターゲットになっているかもしれないという不安を抱えながら、ペルソナを被り、キャラをつくり、自分を偽装しながら、必死で生きようとしています。同時に、そのような自分を肯定できず、傷つき、葛藤しながら生活しています。そうした現実を理解せず、表層をなぞっただけの「教科道徳」教材を使って授業をする教師に対しては、不信と反発をもつのではないでしょうか。

3●生活指導・集団づくりこそいじめ克服の最前線

いじめがあるとわかったならば、教師としての専門性をかけて全力で取り組まなければならなりません。状況を知っていそうな子どもたちから話を聞き取る。一緒にこのいじめを解決していきたいと思いを伝える。いじめた当事者には、その行為が間違っていることをはっきり指導しつつ思いを丁寧に聞く。どうして彼はそのような行為をしてしまったのか、背景にある事情を聞き取る。

さらに、いじめは集団の権力的、差別的構造の中で生じているので、指導も集団の権力性、差別性の克服を課題としなければなりません。加害、被害双方の子どもの了解（保護者の了解も必要になってくるでしょう）を得て、クラスにその事実を伝え、話し合う。クラス全体に開くことが無理な場合でも、班長会で話し合う、被害の子どもと支えてくれる子どもとで話し合うなど、可能な範囲で子どもたちと一緒に解決へ向けて取り組まなければなりません。

このように、いじめの解決は、1時間の「教科道徳」でできるはずがありません。根本的な解決は、いじめを生む集団の人間関係（集団の構造）に踏み込み、その政治的関係（権力関係）の変革なくしてはありえません。それこそ「生活指導（集団づくり）」そのものです。ゆがんだ権力関係を平和で民主的な関係に組み変えることが「生活指導（集団づくり）」だからです。日常の「生活指導（集団づくり）」こそがいじめ克服の最前線なのです。

生活指導は、子どもたちの具体的な生活現実の指導を通して、子どもたちの道徳性を育むものです。人は失敗したり、悩んだり、葛藤を繰り返しながら自分なりのよりよい生き方をつくっていきます。教師と児童・生徒、生徒と生徒が豊かで多様な交わりの中で、他者への信頼や自尊感情を育み、具体的な生き方を模索し、民主的な人格を育むものです。「教科道徳」や授業、総合的な学習の時間、特別活動……すべての教育活動の根底に生活指導を意識的に据えるべきだと考えます。

また、「教科道徳」教材を使わざるを得ないとしても、教科や総合的な学習の時間、特別活動などで「教科道徳」教材を連動・発展させ、より実りある学習にすることも可能ではないでしょうか。日本の教師たちはさまざまなすぐれた教育実践を蓄積してきました。その業績を再確認しつつ、意図的に道徳教育との連動を意識し再構成すること、新たな（道徳性を育むことを意識しながら）実践の地平を拓くことを大きなテーマとすべきではないでしょうか。

繰り返しになりますが、最も大切なことは、子どもたちの生身の生活現実に根差した教育です。強く生きようと思ってもできない「人間の根源的な弱さ」や、「人間は無力で間違いを犯す存在である」ことに真剣に向き合わず、きれいごとを並べた教材のオンパレードの「教科道徳」。いじめ教材を読む中で、そのことを改めて強く思いました。「教科道徳」教材を使って授業をやらざるを得ないとしても、その教材を現実の子どもたちの生活をもとに組み変えたり、違った視点から読み替えたり、さらに深く考え合う授業に発展させたりしながら、少しでも子どもたちのためになるようなものにしましょう。

第3章

「特別の教科　道徳」は、弱者の人権を尊重しているか

——女性の人権（ジェンダー）の視点に立って教材を分析する

2019年4月から施行された中学校「特別の教科　道徳」は、はたして子どもたちの未来の希望につながるものでしょうか。そうであってほしいのですが、残念ながら女性蔑視の道徳教材がまかり通っています。

ここでは、女性・弱者の人権がどう扱われているのかを、(1) 女性・弱者の人権、(2) 押しつけられた性別役割分業、(3) セクハラを伴って存在する女性差別の、3つの視点で考え、それぞれの視点で教材の批判検討をしてみます。

4 隠されていた女性・弱者の人権を語り出す

1●ジェンダーの視点で人権を考える——女性の人権はどうなっていたのか

人間の半数は女性です。

けれども長い間、〝人間〟とは男性を指していました。ギリシャ時代から、民主主義、人権は、男性が外に出て公的な議会の場や学問をする場で語られてきました。もともと民主主義や人権は公的な場で語るものだったので男性のものでした。私的な場でしか生きられなかった女性には民主主義や人権などなかったと言えます。

男性の人権が、人の人権でした。参政権は当然、男性の権利でした。それもはじめは特権階級の男性しかもっていませんでした。やがてすべての男性がもてるようになりました。それでも女性に参政権はありませんでした。女性がようやく参政権を手にしたのは、日本では戦後のことでした。

子どもに人権があるということも、考えられていませんでした。日本は1994年に「子どもの権利条約」を批准し、ようやく子どもにも人権があることを認知しました。長い間、女性や子ども、弱者・マイノリティの人権はないものとされてきたのです。

女性の人権について語られるようになってきたことは大きな進歩です。その女性の人権、弱者・マイノリティの人権を語りたいということを始めに述べたいと思います。

憲法に「国民は、すべて基本的人権の享有を妨げられない」とありますが、国民の権利は成人男性を基準にしていることは、多くの人が知るところです。

人権は男性のものであったと先に述べました。男性の中でも、社会的弱者やマイノリティである男性の人権は含まれていませんでした。ジェンダーの視点で人権を考えるということは、〝全人口の半数である女性、そして社会的弱者やマイノリティである男性、障がい者〟の人権を考えるということです。人権を享受することのなかった者、ない存在だった者を光あるところに引き出し、確かな人権の享受者たる存在として見るということです。つまり社会的な弱者やマイノリティの視点から人権を考えるということです。すべての人の人権を平等に保障しようと考えることです。

しかし現在もなお、男性中心の社会です。その中で生きている女性は、これまでの不平等な状況を当たり前だと思い、疑いをもたずにいる現実もあります。人権があること、権利があることを自覚しないことは、自らが幸せになる道を閉ざしていることになります。

人権を男性のものだけではなく、すべての人の人権として考える視点をもつには、私たち一人ひとりが、今までの自分の感じ方、考え方、自分の中にある良識・常識に疑問をもち、その考えを相対化することが第一歩です。

私たちの中に潜んでいるジェンダーバイアス、差別感を相対化し、ものの見方・感じ方を新たにつくり直すことが、新しい価値観、倫理観、道徳観をつくり出すことになります。

新たな人権感覚を育てることがもっとも重要なことなのです。

2●隠されていたもう一つの物語に光を当てる

男性中心の社会では「男性の話」がそのまま「全ての話」になります。しかしそれは一つの側面、表の話でしかありません。その裏にはもの一つの話が隠されています。

わかりやすい話として光村図書の2年生の道徳教科書に載っている『「桃太郎」の鬼退治』を取り上げます。この教材は粗悪な道徳教材が多い中で、編集者の良心を感じさせる教材です。


昔、桃から生まれたことから「桃太郎」と名付けられた力の強い男の子がいました。ある日桃太郎は、悪い鬼がいろいろな国から宝を取り上げているという話を聞き、鬼ヶ島に鬼を退治に行きます。出発の時おじいさんとおばあさんがくれた吉備団子を、途中で鬼退治の仲間となる犬や雉にあげ、鬼ヶ島に乗り込みます。鬼が鉄の棒を振り回して桃太郎たちに向かってきますが、桃太郎たちは、鬼を組み伏せ倒しました。そして鬼たちが持っていた宝をお土産に持って帰りました。めでたし、めでたし。


誰もがよく知っている話です。

この教材はその次のページに、２０１３年「クリオリテイブ新聞広告コンテスト」で最優秀賞を受賞したポスターを掲載しています。そのポスターには、とても小さい鬼の子が描かれており、拙い子どもの字で「ボクのおとうさんは、桃太郎というやつに殺されました。」と書かれています。その下に『一方的な「めでたし、めでたし」を生まないために、広げよう、あなたが見ている世界』と書かれています。

この教材はさまざまな考え方を広げ、立場の人どうしが理解し合うこと、立場によって物の見え方が違っていることを認知し、多角的に理解することをねらいにしています。

わかりやすい例です。桃太郎の側から見た「悪い鬼」の話は、鬼の子の立場からは父親を殺した「悪いヤツ桃太郎」の話になります。実際、岡山県にある「温羅伝説」では、桃太郎は時の朝廷が使わせた侵略者、鬼は民衆であったと言われています。

歴史的に見ても、アメリカ大陸への進出は西洋人の側から見たら、新たな大陸を発見し、野蛮なネイティブアメリカンを制圧したのですが、ネイティブアメリカンの側からすれば西洋人は侵略者です。現在ではすでに、ネイティブアメリカンは侵略者によって土地を奪われ迫害されたことは、だれもが認める史実です。私は子どものころ、テレビドラマ通して、「ネイティブアメリカンは悪い奴だ」と思い込んでいました。嘘の情報操作はかくも恐ろしいことです。歴史は時の強者の立場から書かれています。『「桃太郎」の鬼退治』を鬼の子の立場に立って書くことは、弱者の視点に立って歴史を組み立て直すことです。

歴史は男性中心に進んできましたから、私たちの周りにある記述は男性中心で、そこに女性や弱者の人権が見えてきません。鬼の子の立場に立つと女性・弱者はどうなっていたのか、もう一つの隠されてきた物語が見えてきます。女性の人権とは隠されていたもう一つの話、鬼の子の話です

ジェンダー差別として、一つだけ例を挙げます。あの世紀の芸術家、平和主義者で平和を求めてたたかったと言わ

れるピカソを、ジェンダーの視点からどう見るかです。彼は世界的な芸術家として人々に高く評価されていますが、同時に大変な女性遍歴の持ち主です。それはそれでよいとしても、女性とピカソとの関係性が対等なものではないという問題です。ピカソにとって女性（ミューズ）は自分の芸術的パッションを呼び起こす存在でした。ですからその時のミューズから魅力を吸い取ると次のミューズに移っていきます。20世紀前半は、まだ女性の経済的自立、精神的自立は難しい時代でした。女性はピカソにとって芸術的意欲の泉でした。泉が枯れれば他の泉に移ったのです。

ピカソが別の女性に関心を移すことで、彼女らは精神的に病んでいきました。ピカソはその人生で6回ほど結婚していますが、その女性のうち、2人のミューズが自死していることをどう考えたらよいでしょう。ピカソは「女性の価値は苦しむことだ」という言葉を残しています。ピカソには女性の人権というフォルダはないのです。ピカソのみならず、かつてのそして今でも平和主義者、リベラリストの人権感覚には、世界の平和ということは視野にあっても、「女性の人権」というフォルダはない人々が多いのです。そうした視点でピカソを捉え直すことも必要です。

3●女性の人権がどのように隠されているか

実際に教科書教材「二人の弟子」「風に立つライオン」から、女性の人権がどのように隠され、見えなくされているのか考えます。

「二人の弟子」

日本教科書3年、学習研究社3年、廣済堂あかつき3年、学校図書3年、光村図書3年

この教材は、中学校道徳教科書出版社5社に載っています。

都の本山で道信と智行という二人の修行僧が修行をしています。二人は厳しい修行の日々を送っています。智行はある夜、道信からこんな話を聞きます。「都でも有名な白拍子を好きになってしまった。その女性と会っていると、すべてが無意味に思えてしまう」と。智行は、一時の気の迷いだろうから目を覚ませと言うのですが、その数か月後、道信は寺から出奔します。

それから何年もたったときのことです。西山寺の住職となっていた智行のところに、髪を伸ばし痩せこけた男がやってきます。それはずっと前に出奔した道信だったのです。道信は出奔した後のことを語ります。

白拍子とはすぐに別れてしまった。その後遊び暮らしが身についてしまい、金はないし盗人のような随分ひどいこともした。それでも人並みに女房を迎えて所帯をもったが、2年後に女房は死んでしまう。再び酒浸りになりもう生きる意欲すら無くしてしまった。捨て鉢の気持ちのまま、雪の残る北山に向かい雪に足を取られ、そのまま眠るようにして死ねたらと思ったときに、フキノトウを見つけた。まだ雪が降っているのに掘ってみると鮮やかな薄緑色だった。寺を出奔しても、盗みをやっても、女房につらくあたっても悪いとは思わなかったが、フキノトウを見たときに……（道信は頬を紅潮され声を詰まらせ）、心を入れ替えようと思った。

智行は、道信が許せなかったのですが、上人様は、道信に「お前はたくさんのことを学んできたのだな。もう一度この寺で修行をしたいというならここで暮らせばよい…」と許すのです。

上人の言葉をはかりかねていた智行は、草の生えている庭を歩きながら暗闇に咲く一輪の白ゆりの純白な輝きに暗い心を圧倒され涙をとめどなく流すのです。自分の狭い心に気づき上人様の心深さに気づいたという話です。

（内容項目はD―（22）よりよく生きる喜び【人間には自らの弱さや醜さを克服する強さや気高く生きようとする心があることを理解し、人間として生きることに喜びを見いだすこと】になっています）

小学校の道徳教科書には、『道徳資料とその活用』の中に「道徳の読み物資料」（以下「道徳読み物」と記します）がたくさんあります。これは「特設道徳」を進めるために文部省が中心になって作ってきた話です。道徳を教えるため、徳目を落とし込むためにつくられた読み物なのです。徳目を落とし込むための読み物ですからたかが知れています。俄仕立ての教材です。その点をしかと認識する必要があります。

中学校の教科書にもこの「道徳読み物」がたくさん掲載されています。「二人の弟子」はその中の一つの読み物です。道信は「白拍子」との恋に落ちると書かれています。「その女性と会っているとすべてを……」という記述があるので遠くで見ているのではなく実際に会っているようです。白拍子は平安時代ごろ現れた舞を舞う芸人ですが、神事・巫女としての役割もあり、それなりの知性のある存在でもありながら、遊女という側面もありました。源義経の愛妾、静御前も白拍子です。白拍子は、身分の高い見識のある貴族社会の中で主に存在していました。したがって白拍子と道信は本来出会うはずがないのです。あまりに身分が違うからです。出会うとしても道を歩いていてすれ違ったかもしれない程度です。

なぜ、ここでは白拍子という言葉を使っているのでしょう。「遊女を好きになった」では女遊びになってしまい、恋の話にならないからです。道信が出会えるのは、遊び女（遊女）です。お金のない修行僧には白拍子は縁がありません。小説家であれば基本的なこうした時代考証は作品づくりのためには外さないものです。しかし、この話は小説でも文学でもなく、「道徳読み物」なので、そうしたことはどうでもよいのです。あまりにいい加減です。

道信は「人並みに所帯を持った」とありますが、江戸時代以前、人々の中で所帯をもっているのは人口の半数以下でした。ですから所帯をもつことは、人並みのことではありません。時代考証もしないで白拍子だの「人並みに所帯を持った」などいい加減なことは書いてはならないのです。この話が単に読み物として巷にあることは許せるかもしれませんが、このいい加減な読み物を使って道徳を教えようとしていることは忌々しき問題です。

人の世でさまざまな悪事を働いても、女房に辛く当たっても悪いと思わなかった道信が、「フキノトウ」を見て「頬を紅潮させ感動し」心が洗われ改心しようと思います。同じように智行も「白ゆり」を見て、今までの道信への許せない心が洗われ、許す心になるのです。二人とも、徳目にある「自らの弱さや醜さを克服する強さや気高く生きようとする」修行僧のはずです。しかし道信は、人の世で盗人のような悪事を働いたことや、女房につらく当たったことを見つめることなく、薄緑色のフキノトウに心動かされ改心するのです。見つめるべき現実を見ていません。少しは高尚な知性と感性を身につけた人物像として描いてほしいのですが、二人の修行僧は薄っぺらな甘えた感情に流されます。これでは死んだ女房が一番怒るでしょう。

智行と道信という修行僧が、人はいかに生きるべきかを真摯に考えているような記述ですが、文脈からはそれは読み取れないのです。道信は自分の過去の過ちや自分の醜さに少しも向き合っていません。智行は当初、そんな道信が許せなかったのですが、その判断のほうが正しかったのではないでしょうか。しかし上人様の言葉に影響され、庭に咲いていた白ゆりを見ることでコロッと考えを変えてしまいます。上人様も二人も内容項目である「人間の弱さや醜さに向き合い、それを克服しようとする強さや気高さ」などありません。「フキノトウ」に目を移し、自分が重ねてきた悪事をチャラにしているのです。しっかり自分の醜さを見つめて改心することが、徳目に即しているのですが、この筋では徳目を教えることができません。

多くの読み物は表向きの話、主人公の側からだけの物の見方のみで語られます。しかし、この教材にも裏に「もう一つの隠されている物語」があります。弱者の視点で見直すことです。

白拍子や女房はどうなったのか、それについて考えます。もう一つの話から学び直します。道徳教材ですから、白拍子や女房の立場から考えて、そこから夢や希望のある生き方を見出すことが必要です。

「桃太郎の鬼の子の立場」から考えるのです。自分の生き方に迷い苦しみ生きてきたというのは、道信の側だけの物語です。そうではなく道信につらく当たられて死んでしまった女房の側に立って考えることです。

授業で生徒は、自分を「道信」に重ねて、迷いや生き直したい気持ちを考えることになっています。主人公の修行僧の立場に生徒は立ちますが、本当はこの立場は男子生徒のものであって、女子生徒のものではないのです。現在の授業の中でさえ、女性の存在はないものになっているのです。自分のことではないことを学ばされている、今もなお女性への人権侵害がそのままあるのです。女子生徒は道信ではなく、本当は白拍子、女房です。しかしその立場は扱われません。女性生徒は、男性の立場に立たされ、自分ではない借り物の学びを強いられているのです。隠され、ないものにされている弱者から見た物語として捉え直し、女性の立場から考えることこそ必要です。「二人の弟子」の文中に、智行の言葉を借り「都には美しい女性が多い。だがそんなことは学問に比べれば何の価値もない」と言わせています。女性はないものである以上に、男性が真摯に生きることと比べれば、女性など価値がないのです。こんな差別的な捉えをそのままにしていいはずがありません。

また、「白拍子」あるいは「遊女」の意味を教えることも大事です。歴史的に見て男性の慰み者として存在していたこと、まさに女性の人権はなかったことを説明することができます。知ることで、読み方、ものの見方が変わります。

この読み物は身を持ち崩したり、遊び暮らしをしたり、酒浸りになったり、罪を犯しても男性は再びやり直しがきくということを言っています。こうしたことを教えるのは現代の道徳教育にふさわしくありません。

ところで、読み物の作者は西野真由美という人です。現在、国立教育研究所研究員として、貝塚茂樹氏などとともに積極的に発言し、出版をしている人物です。1960年代生まれの人のオリジナルな作品とは思えないのですが、ご本人はそのように話しているようです。女性も地位や権力を握ると男性の立場に立ち、男性目線の作品が書けるのです。

倫理、道徳を授業で教えるとき、女性の生き方が入っていないことは大問題です。「二人の弟子」の話は「道徳は男性のもの」と語っており、女性は男性の人生を飾る道具でしかないということが露骨にでています。しかし、実は「道徳は男性のもの」になっていることに気づかない人も多いのではないでしょうか。女性も学びの主体者であることを、民主主義はすべての人のものであることをしっかりと自覚したいところです。

どう授業をするのか

指導書では女子生徒も男子生徒も二人の僧侶のつもりになって読ませています。教師が「もう一つの隠れた物語」の視点を頭に置き、初めにこの指導書通りに道信と智行の生き方の葛藤や苦しみを指導書通りに授業します。肝心なのはそのあとです。白拍子や女房の立場に立って、再びこの話をどう思うか討論します。

白拍子の独白、女房の独白を書いてみると、もう一つ物語が浮き出てきます。女性が男性の影でどうなっていたのかを考えられます。生徒はどんな感想をもつでしょうか。「白拍子」「遊女」とは、どういう存在なのか知らせ、話し合わせるのも一つの方法です。〝人〟を扱っている話の多くは男性の話で、しかも、その内容は女性は隅に追いやられ、男性主体で成り立っていることもわかってきます。これは国語教材にも同様にみられることです。

〈指導書通りの授業の後〉

教師　ところで、白拍子とはどういう人か知っていますか？
生徒　知らなーい。
教師　白拍子は平安時代ごろ現れた舞を舞う芸人です。神事・巫女としての役割もあり、神に近い存在として呪術を行ったりする人もいたようです。知性もあり神秘的な存在でもありながら、遊女という側面もあったようです。

生徒　遊女ってなに？
生徒　娼婦だよ。昔は遊女って呼んだんでしょ。
生徒　ええー。どういう意味？
教師　白拍子は、身分の高い見識のある貴族社会の中で主に存在していました。源義経の愛妾、静御前も白拍子です。白拍子は宮中に出入りしていました。遊女の中でも高い身分だったのです。遊女とは……
生徒　じゃ、道信とどうして知り合ったの？

こんなふうに生徒に説明し、生徒からの疑問に答える中で、状況がつかめてきます。
次に女子生徒はその時代生きていたら、白拍子、遊女、女房だったことを説明します。

教師　では、このクラスの人みんな白拍子や女房だとしたら、どう思いますか？
生徒　女房は道信につらく当たれて死んでしまうなんで酷い。
教師　僕は女房や白拍子にはなりたくないな。
教師　なぜ？
生徒　女房はそんなんで死んじゃってつまんない。
生徒　自分が女房だったら、そうなるのよ。
………
教師　では自分が女房だったら、なにが言いたかったと思いますか？　書いてみましょう。

こんなやり取りの中で、「もう一つの隠された物語」を読み込んでいきます。弱者としての女性の立場が浮き出てきます。

男子が女子の立場に立ってものを見て考える学習は、一面的な視野から多角的で多様な視点で物事を考える視点をもつことにつながります。未来に生きる子どもたちの学びとして必須の視点です。

学校教育では、女子生徒にはあてはまらない話を今までもそして今も、国語の文学教材や歴史の登場人物で教えています。それも問題ですが、道徳の授業であったらなおのことです。表の物語ともう一つの隠された裏の物語を学ぶこと、女性を一人の人格ある人間として考えていくことが必要なのです。

「風に立つライオン」

廣済堂あかつき3年、日本文教出版3年、教育出版2年

この話（歌）は多くの人が知っているのではないでしょうか。さだまさしの作った歌謡曲なのですが、道徳の教材になっています。

主人公はアフリカでの医療活動を志し、恋人を捨てケニアに行きます。3年の月日が流れ、元恋人から主人公のもとに手紙が来ます。それは元恋人が結婚をすることになった報告の手紙でした。そしてそこには、主人公がケニアに行ったことを怨んでいないと書かれていました。主人公は元恋人に向けての返事の手紙を送ります。自分を怨んでいなかったことが毎日の生活のよりどころになること、千鳥ケ淵で一緒に見た桜が懐かしいこと、アフリカの大自然の美しさ、診療所に来る人々のこと、そして自分は恋人や日本を捨てたわけではなく、いまを生きることに思い上がりたくなかったのだということを伝え、最後に結婚おめでとうと綴られます。

（内容項目はA―（4）希望と勇気、克己と強い意志【より高い目標を設定し、その達成を目指し、希望と勇気をもち、困難や失敗を乗り越えて着実にやり遂げる】となっています）

この教材は、アフリカや日本の桜の頃の美しい自然の描写や、主人公が限りなく人間愛に溢れた人であるような情緒的、感傷的な描き方で、主人公のやさしさを振りまき美しい話にしようとしています。読み手の情に訴えるように書かれた安っぽい話に感じられます。

「風に立つライオン」はアフリカで巡回医療をした柴田紘一郎という人がモデルだそうです。この人は日本に妻と3人の子どもを残してアフリカでの巡回医療をし、過酷な条件の中で2000回以上の手術をし、2年間の巡回医療ののち帰国しています。あかつきの教科書では、この人は「シュバイツァーにあこがれて医師になった」と書かれていますが、2年間で帰国したことには触れていません。しかしこの歌詞を見る限り、まるでアフリカに骨を埋める覚悟で出かけたような歌詞です。モデルになった人の話とはまったく違っています。柴田さんは家族を「残してきた」ので、家族を捨ててきたのではありません。さだまさしが柴田さんの話を使って創作したのです。柴田紘一郎の話をヒントにしたと言ったほうがよいでしょう。

道徳では、よく偉人伝が取り上げられます。偉人伝の取り上げ方が問題になっています。道徳として使うのに都合がよいように書き換えて偉人伝として扱うからです。野口英世がそのよい例です。この歌の話も実際とは違う話です。作り話が悪いと言っているわけではありません。この話は道徳教材としてはふさわしくない、ということです。

この歌詞の部分に

あなたや日本を捨てたわけではなく
僕は「現在《いま》」を生きることに思い上がりたくないのです

と書かれています。この主人公は日本だけでなく、世界に目を向けて生きようとしている、そのために恋人も捨てる、限りなく善なる大人物である印象があります。「あなた」や「日本」も捨てたということが大事なようです。

徳目「より高い目標を設定し、その達成を目指し、希望と勇気をもち、困難や失敗を乗り越えて着実にやり遂げること」に落とし込むには、この歌詞はちょうどよかったのかも知れません。

大志を実行する男には、捨てなければならない小さな価値のものとして「君」だけでなく「日本」を入れています。しかし、モデルになった柴田さんは家族も日本も捨てていません。男が大志を抱き成し遂げるとき、女を捨てるというのがかっこよい定番だと思っているのは何を隠そうさだまさしなのです。良い悪いは別にしても、単なる個人の薄っぺらな価値観に過ぎません。道徳で扱うにはふさわしくないでしょう。

さだまさしはかつて「関白宣言」という歌を書いた歌手だけあって家父長的な人です。この歌でも主人公は彼女を捨てて海外に行くのですが、捨てた女性に対して、いつまでも思いは持ち続けて女性の幸せを祈っているという、「優しい紳士的な」心の持ち主という設定です。主人公は個人の幸せではなく、人々の幸せのために生きる大人物のようです。男性は世の中のさまざまなしがらみや女を捨て、目指す生き方を求めていくらしいのです。それでいて「今でも思いは持ち続けている」とうそぶき、元恋人を精神的に束縛しようとしています。これが男の生きる道なのだというメッセージです。これが〝風の立つライオン〟です。こんな人、本当にいるのか？　これでよいのか？という疑問が湧きます。また、これを道徳的に正しいこととして教えていいのでしょうか。

この歌詞には、元恋人は〝僕〟のことが本当は一番好きなのだけど、〝僕〟はアフリカに行ってしまったので仕方なく、別の人と結婚することにしたのだというニュアンスまで伝わってきます。こうした筋立てにすることが男性としては心地よいのです。「男は仕事、女は男についてくるもの」という性別役割分業は、実に自己中心的発想であることがわかります。

男の手柄話にするにはヒントを得たネタを変えなければ形がつかないのです。「二人の弟子」にも同じことが言えますが、これははっきり男尊女卑の思想です。男女平等を謳っている憲法にも反します。道徳教材にしてよいものではないのです。

この教材の徳目「より高い目標を設定し、その達成を目指し、希望と勇気をもち、困難や失敗を乗り越えて着実にやり遂げること」は柴田さんの地道な2年間そのままの話を教材としてしたほうが、事実でもありリアルで、よい学びになるでしょう。

どう授業をするのか

分析をしてみるとますます扱いたくもない教材ですが、扱わざるを得ないとしたらどうしたらよいでしょう。生徒は主人公を自分の未来と重ね合わせて道徳の授業で学ぶわけですから、「二人の弟子」でも述べましたが、やはりこの話も女子の話ではありません。ここをどうするかです。

女子生徒は習い性で、自分のことでない男性の話を自分のことのように錯覚しながら、あるいは付き合って学ぶ癖がついています。中には合点がいかないことに、面白くない思いをしながら学ぶ生徒もいるわけです。ですから「自分は女だけど、もし男だったら」あるいは「自分が恋人だったら」という仮定をして、もう一つの物語、もう一つの視点で考えてみることです。もちろん、男子にも「自分が元恋人だったら」という視点で考えさせることが大切です。

とりあえず指導書通りに学びます。その後に柴田さんの実際の話を紹介し、次に「もう一つの話」の視点で授業をします。

教師　モデルになったという柴田さんの話とこの話はどこが違っていますか。
生徒　恋人を捨てているのと、妻を日本に残してきている、ずいぶん違う。
生徒　歌の主人公は、アフリカに今もいると思ってたけど、違うんだ。
教師　なぜ、実話と歌で違うのだろう。
生徒　ドラマチックにするためじゃない。
生徒　そうそう、柴田さんの話は、フツーに感じるけど、歌はすごいことみたい。
教師　なぜさだまさしは、こんなふうにかえたのだろうね。
生徒　このほうが歌が流行るからじゃない。うまいよね。
教師　じゃ、実際自分がこの主人公や恋人の立場だったらどう？
生徒　この主人公、そんなに素敵だったのかな？
生徒　主人公だったら、かっこいいよね。恋人だったら、相手をずいぶん勝手と思うよね。
生徒　私は恋人といるより自分の仕事のほうが大事だな。

生徒と対話を重ねると、自由な生徒の思いが出てくるでしょう。
現在は、女性が途上国に医療支援、教育支援、生活支援に行くことは増えてきていますから、男子だけでなく女子の現実として考えられます。この歌詞「男は仕事、女は結婚」というジェンダーバイアスを相対化することを通して、男女問わず未来を開いていくことの大切さを教えられます。またこの教材の不自然さ、ウソを探していくのもよい方法ではないかと思います。

2 性別役割分業の押し付け

1●ジェンダーギャップ指数世界で110位の日本

世界経済フォーラムによる男女格差の度合いを示す「グローバル・ジェンダー・ギャップ指数」2018年度で、調査対象である149か国のうち、日本は110位（スコア0・662）でした。

ジェンダーギャップとは男女格差を表しており、スコアが1に近ければ男女格差が少ないのです。日本の110位は前年の114位をわずか上回ったものの、G7では最下位となっています。日本は0・662ですからかなりの男女格差であることがわかります。

政治：0・081（世界125位）
経済：0・595（世界117位）

政治、経済の分野でのスコアが低く「日本は依然として相対的に男女平等が進んでいない経済圏の一つ」と指摘されています。

教育だけは日本はスコア0・98と1に近い優秀なスコアですが、四大進学率は圧倒的に男子が多いという大きな格差があります。政治、経済でのスコアの低さには驚くのではないでしょうか。日本の女性は教育を受けても社会で活躍できていないことを示しています。社会構造のみならず、教育もまた男性優位、男性中心の教育内容であることが大きく影響しています。最近では医大への女子入学が影で制限されていたことがニュースになりましたが、以前からあった女子への不平等、差別がようやく明るみに出てきました。

女性の労働賃金のスコアが0・527で、ほぼ男性の二分の一です。これは女性の多くが専門的な仕事ではなく、派遣やパートの不安定な一般職であることを示しています。賃金の低さは、シングル女性の自立を阻んでいます。

ですから結婚していた女性が離婚した場合、子どもを引き取って単身（母子）家庭で生計を立てることは困難です。離婚家庭の多くは母親が子どもを引き取るのが日本の現状ですから、母子家庭の二分の一が貧困家庭にならざるを得ないのです。しかも母子家庭の子どもに、父親が養育費を出すことはほとんどない、父親の無責任さは野放しの国です。

女性の政治参加も2018年10月発足した内閣で女性閣僚はたった一人でした。日本の女性国会議員はわずか10％です。地方議会での女性の割合は0％のところもあります。女性は男性社会の中で圧倒的なマイノリティなのです。女性が自ら政治参加し意見を述べなければ、男性中心の仕組みを変えていくことができません。しかし、女性が社会参加できる条件は非常に少なく、困難です。こうした中で、女性への不平等さは、賃金格差、業務格差、そして、結婚や妊娠を巡っての差別をもたらし、女性を職場の隅に置いたり、締め出すことにつながっているのです。

女性を受け入れない社会の実態は、女性が希望をもって生きることを諦め挫かせてしまいます。折れた心に「女性は家庭を守るもの、子育てをすることが天性、従属的存在として男性を支えることに女性らしさがある」という、性別役割分業の思想支配は有効です。すでに女性が「専業主婦」として生きられる社会の経済状況ではないのに、この性別役割分業の幻想は推し進められています。性別役割分業の中では女性は豊かに生きることはできないのに！です。

2 ●「あたし、おかあさんだから」に表れている、求められる女性像

メディアを通しての女性らしさの押し付けは、テレビのCMに典型的に表れています。家電製品のCMでは、仕事から帰った夫を暖かく迎える妻、洗濯をしたり、子どもや夫のために広い台所で料理をするお母さんなど、日常的に溢れています。

2017年、「おかあさんといっしょ」で、歌のお兄さん横山だいすけが「あたし、おかあさんだから」を歌いました。この歌に見られる、女性らしさの押し付けを見てみましょう。以下は「あたし　おかあさんだから」の歌詞の一部です。

一人暮らししてたの　おかあさんになるまえ
ヒールはいて　ネイルして
立派に働けるって　強がっていた
今は爪きるわ　子供と遊ぶため
走れる服着るの　パートにいくから

あたし　おかあさんだから
あたし　おかあさんだから
眠いまま朝5時に起きるの
あたし　おかあさんだから
大好きなおかずあげるの
あたし　おかあさんだから
新幹線の名前覚えるの
あたし　おかあさんだから
あたしよりあなたのことばかり

JASRAC出　1908087-901

女性が子育てに生きがいをもってもいいではないかと思う人もいるかもしれません。こうしたあり方で穏やかに暮らせる人もまいるのかもしれません。が、子育てが社会的に保障され、子育てが終わってからまた、自己実現のために生きられるシステムがあれば、多くの女性も生きがいをもって生きられますが、そうした社会のシステム、保障は日本にはまったくありません。女性は一旦仕事を辞めてしまったら、今までのキャリアを捨てることになります。結婚退職、出産退職は、女性を依存的立場で生きる道に追い込みます。決して〝寿〟ではないのです。先にも書きましたが、結婚退職し、その後離婚した場合、貧困が待ち受けているのです。

「あたし、おかあさんだから」の歌詞は〝子育てを最優先にする献身的なお母さん像〟を呪いのように押し付けているなどの批判が寄せられ、番組から削除されました。しかしこの歌は削除されても、このメッセージは女性への呪縛として今も存在しています。「あたしよりあなたのことばかり」という歌詞をみても、女性は子どものために生きるのであって、自分のために生きるのではないという押し付けが当然のようにあるのです。

女性が生きることに心折れたとき、後戻りできない性別役割分業に流されていきます。役割ならやり直すことができるはずですが、そこが罠です。後戻りできない性別役割分業は分業ではありません。それでも女性は男に守られついていくことが、幸せであるという現実にはあり得ないメッセージがその裏にあり、流布されるのは恐ろしいことです。

同時に、このことは男性に対して男らしくあれという強いメッセージとなっています。男は強くあるべしというメッセージは、男性が支配的、暴力的になる一因にもなっています。世間では「男は妻を養って一人前」「男なんだからしっかりして」「男のくせに」などという男性性を鼓舞する風潮が今でも健在です。DV・虐待が毎日のようにニュースとして放映されていることは見逃せません。男らしくということは、男性への縛りになっていること、男性のしんどさでもあります。弱者としての女性の人権と同時に、男性の人権も保障されなければなりません。

道徳教科書は、どういう女性像を描いているでしょうか。

3●女性像の押し付けがどう表れているか

道徳教材には、性別役割分業の中の女性像を押し付けている教材が多くあります。ここでは①「アイツ」、②「あるレジ打ちの女性」、③「明りの下の燭台」、④「明るい家庭をつくるために──母は押し入れ」を取り上げ考えてみます。

「アイツ」

この「アイツ」は、廣済堂あかつきの1年から3年までのシリーズになって載っている教材です。作者は白木みどりです。

●アイツ（1年）

中学1年の真一と夏樹が登場します。アイツとは夏樹のこと。二人は幼なじみです。

夏樹は授業参観の通知を親に見せない真一の代わりに真一の母親に授業参観のことを知らせます。そんな夏樹の行動を、真一は余計なお世話だと思います。夏樹は「だって心配だったから」と言いますが、「お前になんか、心配してもらいたくねえんだよ」と声を荒げます。その言葉に夏樹はたじろぎます。真一は困惑した夏樹のことが気になっています。

体育の時間、お互い顔を合わせることのない場所で真一は百m走の授業。夏樹は走り幅跳び。真一は走り始め転んで足に擦り傷を負います。それをなぜか夏樹は見ています。

真一は花壇のそばで授業が終わるまで座っています。

授業終了のチャイムが鳴り、夏樹が真一のそばを通り「これ使って，ずいぶん血が出ている」ときれいなハンカチを渡します。真一は走り去る夏樹のすらりと伸びた細長い足を見ています。家に帰りハンカチを見ながら、真一はおせっかいな奴だと思いつつ、頬が緩むのです。翌日、夏樹にハンカチを返しますが、なんと言ったらよいか迷います。その時、夏樹への今まで思いの変化を感じ、夏樹に無性に会いたくなります。

●アイツとセントバレンタイン（2年）

真一と夏樹は2年になります。幼馴染みの夏樹は幼稚園の頃からバレンタインデーには真一にチョコレートをプレゼントするのが恒例です。去年は靴箱に入っていて、真一は友だちからからかわれたことを思い出します。しかし今年は朝、靴箱にはチョコレートは入っていません。教室の机の中を見ると、チョコレートが入っています。夏樹からだと思ったそのチョコは、部活の後輩の若松からのものでした。

真一は焦って、友だちの孝に若松に返してくれるように頼みます。アイツからチョコはこないのです。真一が下校するとき、夏樹からの手紙が靴箱に入っています。内容は「自分だけが真一を好きだと思っていたので、ショックだった。さようなら」と書かれていました。慌てて連絡を取りますが、夏樹とうまく話ができません……。

●アイツの進路選択（3年）

二人は3年生になりました。進路選択の時期になり、一学期に夏樹と真一は北西工業高等学校に行こうと約束をします。しかし二学期になり進路希望調査を出すとき、真一は北西工業高等学校に行くかどうか迷います。夏樹は一学期に約束したことを確かめます。真一は「まだ、迷っているんだから」と話しますが、「同じにしようって、前から言ったじゃない」と責められます。「そりゃ言ってたけど」と言うと「離れ離れになっても平気なのか」「嫌いになったの」と責められます。

真一は、なんで「好き」と「進路」が一緒になるのかと思います。自分は将来何になりたいのかわからないから、水明高校の普通科に行ってもう一度考えてみたいと思うのですが、夏樹との約束に頭が痛くなります。

翌日、夏樹にその話をしますが、夏樹は約束違反であることを嘆きます。真一は、好きだということと進路は別だと考えます。夏樹にとっては、真一と別の学校になるということで「真一とすれ違いが多くなり……他の女の子を好きなったら」という不安があるのです。進路希望調査票の締め切りの朝、真一のところに夏樹の母親から「夏樹が志望校を水明高校に替えると言っているが、何か知らないか」と電話があります。

真一は進路選択がお互いの存在に振り回されていることに不安と戸惑いを感じるのです。

(内容項目は「アイツ」シリーズは3つとも同じ。B―(3)友情、信頼【友情の尊さを理解して心から信頼できる友達をもち、互いに励まし合い、高め合うとともに、異性についての理解を深め、悩みや葛藤も経験しながら人間関係を深めていくこと】となっています)

1　男子に尽くす女子の姿

1年教材「アイツ」では、幼なじみの二人に恋が芽生えるという流れですが、授業参観を巡っての真一と夏樹の言い合いは、女子は真面目で素直、母親から距離を置き自立したい思春期の男子という設定のジェンダーバイアスが出ています。親への反発は女子にもありますから、この設定は一般的な女らしさの押し付けです。

作者の男女の性別役割への捉え方がジェンダーバイアスそのもので気になります。

「だって心配だったから」という夏樹に真一が「お前になんか、心配してもらいたくねえんだよ」と声を荒げます。その言葉に夏樹はたじろぎます。真一は困惑した夏樹のことが気になっています。

この部分だけでも「男に尽くす女。男はそれをかわしながらそんな女を守ろうとする」いつの時代のことかと思える構図が見えます。作者の中にこうした男女役割が無意識にあるのです。

話も矛盾だらけです。真一の傷は一人では保健室に行かれない傷です。休育の時間であれば教師がいるはずで、教師が指示をして生徒を保健室に連れて行きます。けれど真一は花壇のところで休んでいるのです。先生は不在だったのでしょうか。謎です。

また、夏樹は真一とは校庭のはじとはじでお互いが見えないところにいたのに、どうして夏樹は真一の怪我の一部始終を見ることができたのでしょう。

夏樹が真一に渡したハンカチは薄くて役に立ちません。助けたいなら一刻も早く保健室に連れていくことです。夏樹のハンカチには性別役割分業が出ています。「私、心配しているのよ」というメッセージです。ロマンチックなイメージづくりのためには、役に立たない「女らしい」きれいなハンカチがよいのです。

小学校4年の道徳教科書の教材に「お父さんは救命救急士」という教材があります。そこではお父さんが汗だくで救命救助しているそばで、お母さんはお父さんの汗をかいた額をそっと拭く…という記述がみられます。主役を際立たせるわき役の楚々とした女性。これとよく似ています。

2　愛はエゴイズム？

２年の「アイツとセントバレンタイン」の話は、昔からこんな話はなかったのではないかと感じるリアリティのない読み物です。バレンタインのチョコは何個集まるかが、もう随分前から男子の興味関心事です。義理チョコあり、女子もお返し欲しさに安物チョコをまき散らします。今どきの女子はなかなかたくましいのです。このような話の筋でチョコを巡ってふたりの関係にひびが入りそうな深刻な展開など、昔からあったでしょうか。

真一が好きではない相手からもらったチョコだから返す、という設定も「なんでっ？」と聞きたくなります。バレンタインチョコレートが流行り出したときからこんなことはなかったと思います。作者は一体、どういうつもりでこんな設定をしたのでしょう。それでも、返したとしましょう。これは道徳の学習課題になりそうです。

「もらったチョコレートを真一は返したが、この行為をどう思うか」

人の厚意を、自分が好きでないからと言って返してしまう。しかも自分で返すわけでなく、友達に頼んで返す行為はいかがなものか。「思いやり」「寛容」あたりで話し合ったら学べそうです。

頭を抱えるのは、この話は時系列がめちゃくちゃなことです。１年生の後輩が朝、真一の教室の机にチョコレートを入れたことを夏樹はどうして知っているのでしょう。早朝に学校に来ない限り知らないはずなのです。後輩がチョコレートを真一にあげたことをいつ知ったのでしょう。夏樹は自分以外真一を好きではないと思い込んでいたはずなのに、真一にチョコレートを渡す人がいないかどうか、その日の朝は特別に早く来て、誰か真一の机にチョコレートを入れないかどうか見張っていたのでしょうか。そんな馬鹿な！という話です。しかし、そうして知っていることにしないと、話が流れていきません。放課後に間に合うように、封筒や便箋が用意してあったようです。

お別れの手紙を書く準備もしていたのでしょうか。話の構成があまりにお粗末です。

小説などでは、こうした謎の筋があります。そういう話が巷にあることは構いません。しかし道徳の教材で、このいい加減な筋の話を使って、道徳的な判断・徳目を教え込もうとしていることについては異議ありです。

夏樹が真一に書いた「さよなら」の手紙は本当に真一にさよならとしようとしているとは思えません。「ほかの人なんか好きになったら許さない」という真一への脅しではないでしょうか。強迫気味な夏樹の感情が伝わってきます。

真一の後輩の気持ちも考えずチョコを返す行為は、自分と夏樹のことしか眼中にないエゴイストです。人間愛はもちろんですが、恋愛の愛も所有欲ではないはずです。人を自分のものにして生きようというのはエゴです。盲目的な愛では困ります。中学生の課題として、この教材を使い恋愛とはなにかを考える素材にはなりそうです。しかし、話の流れは一貫して女性が従属的な生き方をしているのが当たり前に書かれています。指導者が女性の自立はこれでよいのか、とこの教材から批判的に取り上げ授業することです。授業で問わないということは、さりげなく従属的な女性の生き方を肯定していくことになります。これはヒドゥンカリキュラムです。

ヒドゥンカリキュラム（隠れたカリキュラム）とは、そこにある問題性を扱わないことによって、問題に気づかせない教育をするということです。「二人の弟子」では、白拍子や女房の立場があるのを、全くなかったことのように通り過ぎていくことで、女性の人権を隠して教えません。「アイツ」では、話の流れの中で夏樹という子を通して、女性の自立の問題が表れているのに扱わず、女性の人権について自覚させない指導になっています。ヒドゥンカリキュラムがここでも見事に貫かれています。

3 人にもたれかかって生きる女性像

3年生の「アイツの進路選択」では、夏樹の真一と別れたくないという心配は現実のものになります。夏樹はなぜ、真一と同じ学校に行きたいのでしょう。真一とずっと一緒にいて自分のものにしておきたいからです。夏樹の進路の第一条件は何をしたいか、どういう生き方をしたいかではなく、真一と一緒にいることです。先に述べた「性別役割分業」の中の女の生き方が見事に出ています。夏樹のただただ真一のそばにいたい、それが生きる目標になっている姿は哀れです。性別役割分業という思想支配を夏樹は見事に内面化しています。こうした夏樹の態度・行動をどう考えるのか、学習課題として討論するのはどうでしょうか。女性の自立をどう考えるのか課題が見えます。

夏樹は今に始まったことではなく前から真一に尽くして生きてきたのです。3年になって進路選択する中で、真一のそばで生きることが目標であることがはっきりしただけです。夏樹の男性の下で従属的に生きる生き方は「あたし、おかあさんだから」の歌の内容そのものです。また「風に立つライオン」でアフリカに行く恋人にすがる彼女の姿にも重なります。

作者が、「そんな従属的な生き方はおかしいですよ」と、逆説的な意図的で書いていたとしたら素晴らしいのですが…。作者は女性の自立という視点では扱っていません。作者自身の中に、そもそも女性の自立というフォルダがないのです。ないからこそ、こうした従属的な存在である女性を悪気なく描けるのでしょう。

この材料を思春期の生徒の自立を考えるという学習課題に組み替えましょう。

授業をどうする？

●1年「アイツ」

この話は、女は真面目、男は不真面目という男女二分法が描かれています。そのおかしさを授業にしたらどうでしょうか。

教師　この話で女子と男子の行動の違いが出てきますが、分けて挙げてみましょう。

（生徒の発言を板書）

男	乱暴な言葉遣い　親に逆らう 面倒くさがりや　不真面目
女	真面目　人の世話をする 優しい　丁寧な言葉遣い

教師　分けてみましたが、これを見て、どんなことを思いましたか。

生徒　女は真面目で男は不真面目なんておかしいよ。

生徒　私は親にプリント、渡さないよ。

生徒　男だって真面目な人いるし、女だって親に逆らう人いる。

生徒　男と女じゃなくて、いろいろな人がいるよ。

人は、男女で分けるものではなく、一人ひとりに多様な個性があることを確かめられるでしょう。
つけたしですが、道徳の教材には、「真面目な女子」「不真面目な男子」という設定の教材があります。こうしたヒドゥンカリキュラム教材は当たり前のようにあります。気をつけなければいけません。

●2年「アイツとセントバレンタイン」

「チョコレートを返す行為はどうなのか。好きな相手でない人からもらったチョコは返しもよいのか」、思いやり、信頼、寛容の価値項目で学びます。

〈教材を読んだ後〉

教師　真一は友達に頼んでチョコを後輩に返しますが、どう思いますか

生徒　返されたらショックだろうね。

生徒　真一ってエゴじゃねえ。

生徒　でもさあ、夏樹に誤解されるから返すんでしょう。

生徒　だからって後輩は傷つくよ。

生徒　別の人からチョコをもらってはいけないの？

チョコを巡ってどうするべきだったか深められます。そこから「恋愛」や「愛とはなにか」に続けていくことも可能です。

またバレンタインチョコを巡って商品文化、チョコレート会社の戦略・陰謀について話し合うこともできます。最近のハロウィンの過熱ぶりもそうですし、元号が変われば変わったで「商売繁盛」に結びつけている商魂たくましい企業についても考えることができます。

●3年「アイツの進路選択」

日本では性教育はほとんどされていません。したがって思春期真っ只中の中学生は、メディアの世界から振りまかれる歪んだ性情報の洪水の中、性に関する真っ当な知識を得ていないのです。「特別の教科　道徳」では、今回LGBTに関することがようやく、3社で取り上げられましたが、まだまだ不十分です。L―レズビアン、G―ゲイ、B―バイセクシュアル、T―トランスジェンダーの4つの説明はありますが、ホンのさわり程度です。インターセックス、アセクシュアル、Xジェンダー等の説明もなく性同一性障害は扱っているものの、同性愛についてはまったく触れられていません。中学生の大きな課題である愛やセクシュアリテイについては触れることができないのです。性教育を行わないのは、日本の教育の大問題で、これでは人権尊重の教育はできないのです。

ですから、恋愛について考える教材なのに、「異性間の友情」という教材とはずれた学習課題になってしまっているのです。

授業の前に、人間はみんな人を好きになるわけではない、アセクシュアルというそういう感情はないという人もいること、異性愛だけでなく、同性愛もあることを授業の前に説明することが必要です。

その上で、この教材は夏樹の行動をどう思うのか、人を好きになるとはどういうことか、そして「愛」となにか授業をしたいものです。

教師　夏樹の行動をどう思いますか？
　人を好きになるってどういうことかな。
生徒　夏樹はなんでこんなに真一と一緒にいたいんだろうね。
生徒　心配なんじゃない。
生徒　でもさ、ほかの人としゃべっているとやっぱ気になるよね。
教師　恋愛ってなに？
生徒　友情とは違ってさ、胸が苦しくなるように一人のことを思うことじゃない。
生徒　自分と付き合っているんだから、ほかの人としゃべっちゃダメとかいう感じになるんじゃない。
生徒　そうそう、そういう気持ちになるよね。
生徒　でも、それへんだよ。だれとも話せなくなるよ。
生徒　それを恋愛っていうの？
生徒　いくら好きな人がいたって、夏樹だって自分の将来を考えたら、自分のしていることが馬鹿らしく思わないのかな。
生徒　夏樹は好きだからって真一を自分のものと思うのは間違っているよ。
生徒　「真一、命！」なんじゃない。
生徒　何、「真一、命！」って。
教師　恋愛って何だろう。夏樹はどうしたらいいだろう。

恋愛とは何か、愛とはなにか、生徒たちがこれからどのように生きているのかと結びつけて考えていくことで、夏樹の課題は容易と越えていくことができるでしょう。

夏樹の生き方はこれでよいのか踏み込んで考え、夏樹の未来を生徒たちと設計し直す展開もあります。そうしないと、女性の人権がまた隠されたままになります。このことを明らかにし、教室にいる女子生徒の人権を回復させたいものです。

「あるレジ打ちの女性」

日本文教出版3年、学習研究社2年、学校図書3年

こんな教材があります。

何の仕事をしても飽きっぽく辞めてしまう女性がいます。派遣の仕事でレジ打ちの仕事に就きましたが、やはり飽きてしまいます。田舎に帰ろうと思い荷造りをします。すると、子どもの頃の日記が引き出しから出てきました。そこには「私はピアニストになりたい」と書かれていました。当時、なぜかピアノの稽古だけは長く続いていたことを思い出したのです。女性は今の自分を情けなく思い、田舎に帰ることをやめ仕事に行きます。

ピアノを習っていたときのことを思い出してピアノを弾くような気持ちでレジ打ちの練習をします。昔、鍵盤を見ずに弾けたようにレジ打ちもしてみようと練習をします。そしてスピードを出しレジ打ちができる

ようになります。レジを見ないで打てるので、女性はお客さんの様子が見られるようになりました。お客さんとの会話が弾み女性はすっかり人気者になります。そして彼女のスーパーのレジにはその女性と話がしたいために、長蛇の列ができ、それに気づいた女性は泣き崩れるという話です。

（C―（13）勤労【勤労の尊さや意義を理解し、将来の生き方について考えを深め、勤労を通じて社会に貢献すること。】となっています）

この読み物は、三社から出ていますが、文章はそれぞれかなり違っています。簡単な表記の短い文であったり、挿絵はバーコードをかざすレジだったりとバラバラです。「道徳読み物」が、実にいい加減であるかがよくわかります。

やはり設定のおかしさも気になります。幼少期にピアノを習い一時はピアニストになりたいとまで思った人が、何をやっても長続きしない人でしょうか。ピアノ練習は飽きっぽくてはできません。この女性は専門的な仕事をしたかったか、自分の技術を生かした仕事を探していたのかもしれません。だとすると彼女にとってレジ打ちはやりがいをもち、打ち込める仕事でしょうか。

そこに生きがいを見出したように書いてあるのは、「どんな仕事でも一生懸命やりがいをもってやりなさい」という指導要領に見られる勤労についての貧しい精神論です。ほかの道徳教材でも清掃の仕事など、人のいやがる仕事でも頑張ってすることの大切さが書かれていますが、低賃金・劣悪な労働条件、世間の差別を取り除くことなしに「人のいやがる仕事を一生懸命やりなさい」などと言ってはならないでしょう。人気者のレジ係がいても結構ですが、お客の回転は悪くなります。

また、この話は主人公を男性に替えてありうる話ではありません。女性の腰掛仕事の読み物です。女性が携わる仕事が「腰掛仕事」として扱われることは問題です。

いまレジ打ちのみの仕事では生計は成り立ちません。スーパーやコンビニなどは、レジ打ちもしますが商品を並べたり、さまざまな仕事をこなしています。現在の働き方にも合いません。

授業をどうするか

女性や弱者への大きな人権侵害の一つは、経済的な自立を奪っていることです。この話は働くこと、そこに生きがいをもつことは大事だと働く心がけを盛んに言っていますが、スーパーのみならず働き方は、派遣、パート、アルバイトという非正規雇用が当たり前の労働形態が増えており、いつクビになるかわからない不安定な状況です。心がけだけでは生きていかれない現実を知らせることが必要です。

パートやアルバイトの賃金は時給千円に満たないことが多いのです。仮に一日に8時間働き週一回休むつもりで、単純計算では16万円程収入が見込めそうだと思っても、仕事がシフト制だったりで、必ずしも本人の希望通りには働けません。夕方からや、深夜の勤務というシフトに組み込まれたりします。しかも人手が足りないと呼び出されたり、逆に人手が余っていると来なくてよいという指示が出ます。いくら働く意欲があっても、自活して生きていくことはなかなか難しい現実があります。

新聞にピアノ講師をしている人の話が載っていました。週6日ピアノ教室に勤めて月収は13万円余り。足りない分を週に2回スーパーで早朝のアルバイトをしていますが、国民健康保険、奨学金の返済、仕事の昇格試験費用などお金がかかり、自宅通いだから何とかなっていても将来のことは考えられないという記事でした。専門職であってもこうして自立できない厳しい現実があります。
これは政治的につくり出された現象です。大企業の労働者への搾取・収奪による低賃金に翻弄されている理不尽な社会に本質的問題があるのです。そのことへ目を向け、矛盾を自覚していくことがもっとも必要なことです。一人ひとりの心がけの問題ではないのです。人間が大事にされる社会でないことが問題なのです。見間違ってはならないことです。

授業では、まずは現実を押さえることが肝心です。「仕事に生きがいをもって頑張る姿の美しさ」というのは経済的なよりどころがないところでは形だけの美辞麗句であり、それ以上に人間らしく生きることを否定し、人々の生活難を自己責任に転化しようとしている許されない言説です。

スーパー勤務の現実や他の職種での不条理さを押さえ、話し合うのがよいと思います。教師の身近にもたくさん例があるはずです。また、生徒たちの養育者も労働条件が厳しい中で働いている現実があります。生徒たちの日々の生活から考えていけば、この読み物が現実的でないことはよくわかります。

「何をやっても長続きしない人が、レジ打ちでやる気を出すだろうか」「レジ打ちはそんな面白いのか」「これでこの人は暮らしていかれるのか」など、この教材の現実離れした設定を反面教師として学ぶことができます。

「明りの下の燭台」　学習研究社1年、日本教科書3年、廣済堂あかつき2年、学校図書3年

この教材は東京オリンピック（1964年）の女子バレーで、東洋の魔女と言われた選手を育てた大松監

督が書いたもののようです。

日紡貝塚の選手の中に一人、背が160㎝に満たない鈴木恵美子という選手がいました。大松監督はこの身長では選手としては無理だと判断し、ちょうどマネージャーもいなかったので、鈴木選手に「気の毒やけどマネージャーをやってくれないか」と言います、鈴木選手は「プレーをしようと思って入ってきた……マネージャーはいやや、家に帰る」と泣きました。大松監督は頭を下げて「マネージャーがいないとやっていけない……嫌だろうが、チームを強くするのは、お前の肩にかかっている……」と説得し、鈴木選手はマネージャーを引き受けます。

そのあとは、鈴木選手がどんなに選手のことを考え、気を使い、チームを盛り上げ、優勝に導いたのか、鈴木選手をたたえる形で書かれています。具体的には、気をつかって先回りして行動すること、みんながしゅんとしていると、にぎやかにいい声で歌って笑いのほうにもっていく、一言も愚痴をこぼさない、おやつも作り始めた、そして大役を果たし大松監督に「チームが勝つこと、ただそのことが喜びであり、それにすべて集中した……苦労とは思わなかった」と語ったと書かれています。

大松監督は「自分をおとしめず、自分も意識しない誇り高い一人の女性として、自らを育て上げた」と高く鈴木選手を評価しています。

（内容項目はＤ―（４）よりよく生きる喜び【人間には自らの弱さや醜さを克服する強さや気高く生きようとする心があることを理解し、人間として生きることに喜びを見いだすこと】となっています）

●人権意識が未熟だった五十年以上前の話から何を学ぶのか

すでに五十年以上も前の話ですから、この話が現代の生き方として参考になるかと大変疑問です。

それにしてもこの鈴木選手への大松監督の関わりは、これでよいでしょうか。大松監督は鈴木選手を説得し処遇をなし崩し的に決めました。このことは選手たちにはまったく知らされませんでした。非民主的な話で、今ではありえない話です。これを是として教えることはできません。

大松監督の練習はシゴキに近く、気絶するとマネージャーが水をかけたとか、床を滑って皮膚の皮がむけたとか、今では考えられない練習をしていたようです。大松監督にだれも背くことができないのです。鈴木選手も監督の強い説得には、涙で従うしかなかったのです。当時の映像を観るとよくわかりますが、大松監督は、パターナリスティックな厚い温情を選手たちにかけ、同時に「黙って俺についてこい！」と絶対服従の指導で選手を指導しました。当時の選手たちは大松監督を慕い感謝しています。昔の話ですからそれはそれでよいのですが、現代の話としては参考にはなりません。人権感覚が未熟だったからこそありえた話なのですから。

鈴木選手は大松監督の下で進んで行った自己犠牲的な自分の役割を誇りにもっていたことでしょう。〝我慢を強いられながらも懸命に生きる女性の生き方〟が、ここでも浮き出てきます。

しかし、今ごろこの話が、なぜ使われるのでしょうか。

今でも学校の部活の指導はシゴキを美徳とする風潮が顕在です。

2013年、桜宮高校のバスケ部のキャプテンが自死しました。バスケットボールの強豪校だったバスケ部のキャプテンは、練習中でも部員の前で殴られ続けました。チームを「締める」ために顧問は、キャプテンに体罰を加え続け、戦う緊張感をつくろうとしたのです。顧問からの度重なる体罰に耐えかねて、キャプテンは自死しました。痛ましい事件です。

しかしこの事件のみならず、体罰・シゴキは部活指導の中で、今でも平然と行われ続けています。２０１８年には、日大のアメリカンフットボールの監督が反則タックルを選手に指示した事件が明るみに出ました。体罰・脅し肯定の体質は、現在でも顕在なのです。

「明りの下の燭台」は指導を受けている者が、死にまで追いやられる事態を引き起こしている今の時代に使ってはならない教材です。しかし、生徒は痛い目に遭わないとわからないという人権侵害的な感覚の人がいまだにいるということは、大変残念なことです。忌々しき問題です。ですから批判的に学ぶことには価値があります。

授業をどうするか

五十年以上前にこういうことがあったということを前置きして教材文を読みます。
教師　この話はまだネットニュースに映像としてあります。観てみましょう。（当時の映像を観る）
教師　どう思いますか。
生徒　こんな時代があったのはびっくり。
生徒　なぜ、こんなふうにシゴかれても平気だったのだろう。
生徒　昔のことだからね。
生徒　シゴキも時には大事じゃない。
生徒　私はこんな指導受けたくない。

体罰の指導をどう考えるのか話し合います。賛否両論出てくるでしょう。

教師　こんな事件がありました。２０１３年、大阪の桜宮高校のバスケット部の部長が顧問からの体罰で自死しました。２０１７年には日大のアメリカンフットボール部で違法タックルの事件がありました（資料を見せて説明する）。

生徒　こんなことがあったなんて。

生徒　うちのお兄ちゃんの野球部もそうだよ。

資料を使って体罰について考え深めることができます。いまはこうした資料はインターネットから簡単に引き出せますから、授業に生かして使うと有効です。

「明るい家庭をつくるために――母はおしいれ」　東京書籍１年

この話は性別役割分業の中でどんなに母が辛い思いをしているのかが、よくわかる教材ですが、一体なぜ、こんな教材が載っているのでしょう。

母親が押し入れの整理をしています。部屋いっぱいに出された押し入れのもの。こんなに沢山よく入っていたものだと主人公の私は思います。母親は「こんなに雑然としていては、開けたときに気持ちが悪いだろう。

いつもきれいに片づけておきたいのだけど、入れ方が悪いからだめだ」と言います。そして「これと同じで、母親も押し入れだよ」とぽつんと言います。その言葉を不思議そうに思う私に母ちゃんは続けてこんなことを話します。…家中のみんなの言葉や心を押し入れに入れておく。家族の心配事や大変なことを母親が我慢して抱え込んでいるのだ……。

主人公の私は、母はただ明るいと思ってきたけれど、こんな苦労があったのかと気づきます。43歳をむかえる母は昔に比べると随分老けてしまったと気づきます。

（内容項目はC―（14）家族愛、家庭生活の充実【父母、祖父母を敬愛し、家族の一員としての自覚をもって充実した家庭生活を築くこと】となっています）

母は悲しい存在

なんとも悲しくなる話です。家族は母親が、家族の苦労を抱え込んで辛抱することで成り立っているということが書かれているのですから。性別役割分業の母の役割とはこういうことなのです。悲しい限りですが、リアルな話です。この教材をどうして取り上げたのか不思議に思います。

あまりにも古すぎる話です。現在は押し入れのない家もあります。母親が家にいることが多かった40年も前の家庭の風景です。家族は母親が苦労を背負うとことは確かにその通りです。しかし、この暗い、悲しい話から何が学べるのでしょうか。

授業をどうするか

母親は、なぜ自分が押し入れになり、家族の心配事や大変さを抱え込むのかを、まずは話し合いたいところです。母親が抱え込むことによって家族の安定は保たれるという、性別役割分業の女性の役割は辛いのだということが、教材に書かれています。家族はこれでよいのかについて話し合うことや、自分の家族の抱えている問題など、みんなの前では発言はできないのなら、文書にしてもらい、家族にはたくさんしんどさがあることを共有するだけでも、生徒にとって少しの救いになるかも知れません。

ここまで母親のつらさが書かれているのであれば、ＤＶ問題や、虐待問題を学ぶこともできるのではないでしょうか。

3 女性差別はセクハラを伴って存在する

1 ● #MeTooのうねりが示すもの

女性への差別や抑圧を正当化しているもの、それは「女性は男性に比べ劣っている」という支配思想です。これは社会の風潮として多くの人が思い込まされているもので、単に女性が男性に比べ劣っているという認識に留まらず、女性への差別は、女性を性的に貶める、セクシュアルハラスメントとして存在しているという大問題があります。

弱者への抑圧の仕方はセクシュアルハラスメント——肉体的・精神的暴力を含む、性暴力として表れます。女性・弱者への社会的・思想的な差別の構造の中で、セクシュアルハラスメントが一体化して存在していることは深刻で、重大な問題なのです。

最近のニュースでも次から次へとセクシュアルハラスメントのニュースが報道されています。キリスト教協会で牧師による、修道女、少年への性虐待。知的障害者（児）・精神疾患患者への施設職員の性暴力。教師の生徒への性虐待。就労現場での上司からの性虐待。家族の中での性虐待……数え切れないのです。

女性だけでなく、幼児・少年、社会的弱者・マイノリティに対しての差別は、性的な虐待を伴っていると言っても過言ではないと思います。

性虐待は、女性差別にある根本的な問題です。

しかし、厳然とあるセクシュアルハラスメントは長い間、問題化されては消されてきました。告発したとしても握りつぶされ貶められたり、わずかな損害賠償金や口留めされて問題化することはなかったのです。

しかし、2017年10月5日にニューヨークタイムズが、かつてから性的虐待疑惑のあった映画プロデューサー、ハーヴェイ・ワインスタインによる数十年に及ぶセクハラを告発しました。ここから#MeToo運動は始まりました。ニューヨークタイムズのこの記事に反応したハリウッド女優が、次々と実名でワインスタイン氏のセクハラを告発しました。

アリッサ・ミラノはツイッターで「これまでにセクハラや性的暴力を受けた人はMe Tooして」を発信しました。

翌朝にはアリッサのもとに5万通もの「Me Too」が返ってきたのです。「私も（#MeToo）」運動は、このようにして広まったのです。

セクハラ疑惑のある人はワインスタイン氏に限らず、映画俳優、映画監督、新聞記者、政治家に至るまで、社会的地位をもち、権力を振りかざす人々が告発されています。こうして告発された人は、告発されるべき人の氷山の一角であることは言うまでもありませんが、告発される事態になったことに時代の前進を感じます。

#MeToo運動は、大きなうねりとなり、世界中に広がっています。セクハラの被害者が泣き寝入りさせられ、被害が隠されていたことが、公になってきたことには大きな意味があります。

#MeToo運動は世界に広がり、告発することで新たな困難やさらなるバッシングを受けながらも、なくなることはありません。

2●日本におけるセクハラ告発の動き

日本ではどうでしょうか。

２０１８年4月、財務省事務次官、福田淳一氏がテレビ朝日の女性記者にセクハラ発言をしたとして、テレビ朝日から財務省への抗議がありました。財務省は福田氏のテレビ朝日の女性記者へのセクハラがあったと認め、福田氏は減給処分になりました。しかし、この件に関して、麻生副総理は、福田氏は「はめられたのではないか」という発言をしています。日本の政治家はセクハラの意味すらわかっていない現実があること、日本人の人権感覚の弱さを感じざるを得ないのですが、問題化されたということは評価したいところです。

それ以前、２０１７年5月17日、フリージャーナリストの伊藤詩織さんが上司の山口敬之氏から薬を飲まされレイプされたことを告発しました。伊藤詩織さんは同9月、山口氏に対し民事訴訟を起こし、同10月半ばには「ブラックボックス」という著書を発行しました。「ブラックボックス」には、伊藤さんが山口氏からレイプを受け、その後、警察でどのような事件の捜査が進められたか、そして逮捕寸前、政治的な圧力により捜査が中断されたことが綴られています。

レイプを受けた本人が、身を挺して訴えなければ被害はなかったことにされてしまうのです。しかも勇気を振り絞った行動なのに、大変なバッシングを受けることになり罵詈雑言を浴びせられました。ツイッターでの匿名のバッシング、脅しはセカンドレイプに値するものです。伊藤さんは身の危険を感じ日本を逃れ、現在はイギリスに在住し仕事をしています。被害を受けた側がさらにひどい目に遭うという、日本の野蛮な現実を見過ごしてはなりません。伊藤詩織さんの本の内容もデマだというバッシングまで流れています。

子どもを産まない女性は生産性がない、と発言し批判を浴びた杉田水脈氏は、男性と飲食したことが「あきらかに女としての落ち度あり」と言っています。男性と酒を飲んだらレイプされても仕方がない、それは女性に問題があるということです。男性は酒を飲んだ女性にはレイプしてもよいということでしょうか。あまりにも野蛮な女性への差別発言です。

伊藤詩織さんのこの事件は、イギリスＢＢＣ放送が「日本の秘められた恥」（２０１８／６／28）という題のドキュメンタリー番組を制作しました。しかし、日本での放映の予定はありません。

伊藤詩織さんの告発以外にも伊藤春香《はあちゅう》さんが、電通在籍時に上司岸勇希氏から受けたセクハラを、写真家荒木経惟氏のモデルを16年間に渡って務めてきたＫａｏＲｉさんがブログで、荒木氏のセクハラ・パワハラを告発するなど、告発は広がっています。２０１９年に、人権活動家と言われていた写真家の広河隆一氏が7人の女性からセクハラで訴えられました。また東京サレジオ学園の元園児の男性が、在園当時、神父から性虐待を受けていたことを五十年の時を経て告発しました。こうして見え始めた氷山の一角は少しずつですが大きくなっています。が、日本ではセクハラの実態はほんの少し見え始めたばかりで、泣き寝入りしているのがほとんどの現状です。

身近なところでもこうしたセクハラはあります。例えば教師からセクハラを受け、それを訴えたとします。しかし、その教師がそれなりに生徒や保護者から信頼のある教師だったとすると「あんないい先生がセクハラなどするはずがない」とむしろ被害を受けた者が不利な状況に陥る場合はよくあることです。被害を受ける側は弱者ですから、集団の中でも弱者であり、主張が信用されないということは、充分ありうることです。写真家の広河隆一の長い間の隠されたセクハラも、その例です。人権活動家と呼ばれていた広河氏は事件を起こし続けても「まさかあの人権活動家が」と、その肩書ゆえにうっすらと犯罪が見えながらも、事実が表に出されることなく、長い間隠されていたのです。

弱者がセクハラに限らずつらい目に遭っていても、周囲の人々が、加害者がそれなりの信用を得ている人物であると、被害者の言い分に耳を傾けないことがあるのです。事実を率直に見つめる目、心眼を私たちはもたなければなりません。

性被害を受けた人が、バッシングを受け、仕事をなくし、身の危険にまで追いつめられ、ＰＴＳＤに苦しむという理不尽さがまかり通っている、日本はセクハラ天国です。性犯罪が野放しの国です。許せないことです。娘にレイプした父親が無罪になったという驚くべき判決が２０１９年に出されました。人権侵害が日常的にまかり通る日本なのです。

人権が女性のものではなかった時代から、ようやく女性の人権を語る時代になりました。女性が虐げられている闇の一端の実態が、今ようやく、少しずつ表に出てきた時代と言えます。

3●「彼女は頭が悪いから」に見られる女性蔑視

2018年、姫野カオルコさんが小説「彼女は頭が悪いから」を出版しました。

この小説は、2016年に東大生5人が起こした強制わいせつ事件をモチーフにしています。姫野さんは裁判を傍聴して、かなり事件に忠実に書いており、ノンフィクションに近い小説です。

あらすじは、横浜市の郊外でごく普通の家庭で育ち、女子大に進学した神立美咲、渋谷区広尾で教育家族の中で育った竹内つばさが主人公。東大生のつばさは、高校時代から自分に自信をもち、大学に入ってもスマートであか抜けた学生生活を送っています。美咲は、自分に自信がない女子大生です。そしてとりわけ美人でもありません。そんなつばさと美咲が出合いますが、美咲はつばさに恋い焦がれていきます。

「私なんか馬鹿だから……」が口癖の劣等感の強い美咲。つばさに「すごーい」と手放しで夢中になる美咲……。つばさはそんな美咲を見下しながらも、都合のよい子として付き合います。

やがて美咲はつばさを含む5人の東大生に、深夜のマンションで、裸にされ汚辱されます。強制わいせつ事件のおぞましい事件の被害者となったのです。

この小説は学歴主義、スクールカースト、男女のコンプレックス、理系対文系……など、エリートの差別意識をえぐっています。こうしたことが現実に起きた事件であると考えるだけで胸が苦しくなる小説です。

小説では、被害者である美咲へ向けられたバッシングを描いています。「前途ある東大生より、ばか大学のおまえが逮捕されたほうが日本に有益」「この女、被害者じゃなくて、自称被害者です。尻軽の勘違い女です」とネットで美咲は叩かれます。これはこの事件で、現実に起きたバッシングです。ここでも被害者がバッシングを受けています。美咲は被害に遭い、世間からもバカにされ汚辱されたのです。汚辱されていい人間がいていいはずはありません。

社会がもっている、学歴・学力によって、出身・出目によって、人が人を差別する構造、女性への差別はセクハラを伴って存在することを、よく示しています。

若者たちの間にこうした思想が巣食っているのも当然です。事実、偏差値の高い大学の学生が、集団で女子学生に強姦をした事件はいくつも報じられています。「彼女は頭が悪いから」に見られる女性蔑視・弱者蔑視は見逃せない。そして、決して小さくない風潮としてあることは間違いないのです。

中学校の道徳にわざわざセクハラのことまで触れる必要はないでしょうか。そんなことはありません。こうした日常的に起きているセクハラ事件は、教育の悪しき成果として表れていることも認識する必要があるからです。男子中心の物語、性別役割分業がそうであるように、また「彼女は頭がわるいから」に見られるような、女性への性的な侮蔑の考えを取り除いていくことなしには、日本の忌々しき実態は変わらないのです。

セクハラ防止は人権問題として、大切な課題であり、道徳で腰を据えて扱うべき重要課題なのです。

4●セクハラ教材がある

道徳教材にもセクハラともいえる教材があります。ここでは「フットライト」を取り上げて考えます。

「フットライト」　教育出版3年

驚くべきセクハラ教材です。こんな教材が現在の道徳教科書にあること自体に人権感覚が麻痺しているといえるものです。

この話は学園ものです。深沢由紀と〝俺〟が主人公です。活発な深沢由紀は文化祭を中心になって進め、まわりに指示を進めるやり手の女子です。〝俺〟は「こんなしきりたがるやつは見たこともない」と深沢由紀に対しておもしろくない思いをもっています。なぜおもしろくないのかというと、〝俺〟よりも仕事ができ、〝俺〟が気づいた仕事を、すでに由紀は終わっているという具合で、いつも先を越されているからです。〝俺〟は由紀を「仕切りや、出しゃばり」と不愉快に思っています。

由紀と〝俺〟の会話です。美佐に見とれている〝俺〟に

由紀「ちょっと！　見とれるなって言ってんでしょ」

〝俺〟「…見とれてないって。お前こそなんだ。ちょっとは工藤を見習って、女の子らしくしてみろ」

由紀「女の子らしくねえ、ま、美佐みたいなのは、わたしにはできないけどね」

〝俺〟「じゃ、なんならできるって？」

由紀「ハンダ付はあんたよりうまいかな」

といった具合の会話が進みます。

もう一人、工藤美佐という登場人物がいます。深沢由紀と違って、しとやかで姿もきれいなようです。〝俺〟はその美佐から、その日、由紀が「……どうしてあたしは人の気持ちがわからないんだろう」と泣いていたという話を聞くのです。深沢由紀は、本当は女らしくありたいと思っていて、自分の行動の仕方に不甲斐なさを感じていたことがわかるのです。

〝俺〟はその話を聞いて、アイツはアイツらしくやっていたんだと由紀を少し認める気持ちになります。そこに体育着を着、ハチマキをして、妙に張り切った様子の由紀が現れます。〝俺〟は美佐からの話やその姿から、ゆとりをもちます。「……おまえらしいっていうか、よく似合っているな」と由紀に言います。由紀はその言葉で、耳まで赤くします。由紀は〝俺〟が好きだったということです。

〝俺〟は由紀の指示に「はいはい、おおせのとおりに」と従いながらにやっと笑う、という話です。

(内容項目はB―(9)相互理解、寛容【自分の考えや意見を相手に伝えるとともに、それぞれの個性や立場を尊重し、いろいろなものの見方や考え方があることも理解し、寛容の心をもって謙虚に他の学び、自らを高めていくこと】となっています)

女性蔑視の甚だしさ

「えばっていても所詮は女。赤くなったりして可愛いものよ。本当は女らしくして男に好かれたいのだ」という、男性の女性蔑視のメッセージが露骨に出てきます。これが道徳の教科書に載っているということ自体、あきれる以上に怒りが湧きます。

「あたし、おかあさんだから」のメッセージとよく似ています。歌詞にある「ヒールはいて　ネイルして　立派

に働けるって　強がっていた」のが由紀だということです。女性が仕事やしたいことを頑張ることは、無理して突っ張っていることであると教えています。

女性は大人しくして、男性に従属的に生き、可愛いことが大事だと教えているのです。由紀を美佐と比べ、無理していることが滑稽であるかのように書かれているところなど、女子生徒への蔑視にもつながります。

また、作者のもっている女性観が美佐という子への描写によく表れています。〝俺〟は工藤美佐のことがどうやら好きらしいのですが、作者がこういう女性が好きなのでしょう。どういうところが好きなのかというところです。描写を少し書き出します。

「浴衣姿で女の子たちが踊る見せ場がある。…一人の影を追いかけた『鼻の下伸ばすな。あんた美佐に見とれすぎ』また、深沢の声だ」

「鼻をくすぐるシャンプーだかせっけんだけの匂い…」

「…美佐。だれに対してもいつもにこやか。派手さはないけど、背筋正しく咲くゆりとでも形容すれば…」

「工藤が、胸の前で小さく手をひらひら振りながら走っていった。うーん。やっぱりこうでなくちゃ。」

「工藤を見習って女らしくしてみろ」

作者の女性観がいやらしいまでに出ています。しかも由紀のセリフを借りて『鼻の下伸ばすな。あんた美佐に見とれすぎ』にはあきれます。中学生はこんなことは言いません。作者のセリフです。美佐に関しての描写を読むと、単に性別役割分業以上のものがあります。女性らしさとして求める容姿、しぐさを描写している箇所は、セクシュアルハラスメントそのものです。

女は一歩下がってしとやかに可愛くすべき、女性らしい容姿と態度という女性蔑視は人権侵害です。それも気づかずに書いている作者は、女性を人格ある存在であることも知らずに男性より低い性的な対象として見ている人物でしょう。女性差別はセクシュアルハラスメントを伴っているということが、この教材からもよくわかります。女性差別は単なる性別役割分業だけではなく、セクシュアルハラスメントを伴っている現実を直視すべきです。「フットライト」という教材はあまりにひどい、こんな教材を載せる教科書会社はどういう考えなのか聞いてみたいところですが、次の改訂でなくなることを祈ります。

教科書には女らしくしたいけどできずに突っ張っている由紀の話が綴られていますが、これは作者の側からの見方で、実際は能力の高い女性をやっかんでいる話でしかありません。すべからく男の視線から由紀を綴っていることは大問題です。由紀のリーダーシップは優れているのに女子なのでダメなのです。由紀をやっかんで出しゃばりだと作者は思っているのです。女性の頭を押さえておきたい男性の女性蔑視の強いメッセージが露骨です。〝俺〟=作者は男としてプライドが傷つき、由紀が気に食わないのです。由紀が女だから気に食わない、そんな内容の話は否定する以外に教材として扱いようがありません。

いい加減にしてくれと言いたくなります。女性を一人の人格ある他者として見ることもできない作者なので、男女の友情など、まず考えたこともないでしょう。一体どんな人物が書いたのでしょう。これも出どころ不明の「道徳読み物」です。

美佐についての描写「鼻をくすぐるシャンプーだかせっけんだけの匂い…」「工藤（美佐）が、胸の前で小さく手をひらひら振りながら走っていった……」など、明らかに作者の好む女性らしさを平気で書いていいものでしょうか。あきらかにセクハラです。

セクハラ教材として「フットライト」を扱いましたが、これ以外にも例えば、「アイツ」の話でも、こんな記述があります。

夏樹のすらりと伸びた長い足を見ていた。
そう思いながらも、頬が緩む自分がおかしかった。（アイツ）

「真ちゃあーん、はいアーン。これ夏樹からの。お、く、り、も、の！」（アイツとセントバレンタイン）

夏樹のどこが好きなのかと尋ねられても答えにくい。夏樹が息を切らせて走ってくる。いつもの柔らかな優しい香りがした。このところ大人っぽくなった夏樹の顔に夕日が正面から当たっていた。
夏樹の香りや表情に少しどぎまぎした自分を悟られぬように威張ったような言い方をした。（アイツと進路選択）

という女性を性的な魅力で見る記述が、なんと女性の書き手によって書かれているのです。女性の足は細くないといけないようです。作者はどんな人権感覚なのでしょうか。

授業をどうするのか

できたらこの教材は扱いたくないところです。批判的に扱うにしても時間がもったいない気がします。が、それでも扱わなければならないとしたら、

教材を一読して

教師　この話を読んで、〝俺〟のことをどう思いましたか？
生徒　こんな話あるかな。
生徒　このクラスの女子はみんな由紀みたいだよ。
生徒　いいじゃない。美佐みたいな女、いるはずないし、いたらむかつくよ。
教師　「鼻の下のばすな」ってどういうことか知ってますか？
生徒　知らない。
教師　「鼻の下のばすな」というのは、すぐに女性にでれでれすることです。
生徒　先生、いやらしい言い方。なに、この男。
生徒　女子がいろんなことができていいじゃない。この〝俺〟は自分ができないから由紀が邪魔なんだよ。へんだよ、この〝俺〟。

教師　〝俺〟はどんなものの見方に変わればいいのかな。
生徒　男女関係なく、いいところは認めればいいじゃない。

男女の協力、相互を尊重しながら、協力をどうつくっていくのか学べるでしょう。

4 道徳教育がめざすものは、すべての人の人権尊重！——まとめにかえて

#MeTooの動きが広がり日本のメディアでも話題になったころ、あるお笑い芸人がテレビでのうのうとこう発言していました。

「○○さん（女優）とは昔コント番組をしていて…今思えばヒドいことをたくさんしてきました。あの頃のことを#MeTooされたら、オレ、終わりや！」

そして、スタジオは大笑いになったのです。

世界中で問題になっているセクハラを、自分が加害者であるにもかかわらず、何のうしろめたさもなくテレビでしゃべり大笑いすることができてしまう、これが日本の現実です。こんな現状について強く憂いています。

このお笑い芸人は人権尊重ということを知らないのでしょう。地位や名誉や財産、男であることなどが、この人

にとって価値であり、それが人権だと勘違いしているのかも知れません。しかし、自分自身への尊厳がないからこそ、テレビで恥ずかし気もなく品性の低い発言をするのです。最も自分の人権を侵害しているのは、本人自身であることに気づいてほしいものです。

重ねて述べますが、女性蔑視・差別は社会構造上の不条理・差別構造として存在するだけではなく、性的侵害・汚辱を伴うものであるということを深刻に考え、受け止めていかねばなりません。

人々の人権を守り、平和な未来を築くためには、パワーハラスメント、モラルハラスメント、セクシュアルハラスメントをする人間を再生産してはならないのです。

女性や弱者への人権侵害が、今この時も行われていることを忘れてはなりません。こうした許しがたい現実の中で、道徳教育がしなければならないのは、人権教育であることは間違いないことです。すべての人を虐げている現状から、人権尊重の時代に向かう道徳教育が求められているのです。

そして、私たちはこうした社会の中で生きている一人の当時者として、自分自身に対しても大きな課題を提示していかなければなりません。それは、自己の中にある差別感・思い込みを相対化しながら、すべての人の人権を尊重するという命題を考えていくことです。

あとがき

昨年から「特別の教科　道徳」が小学校で実施されました。２０１９年、４月引き続き中学校で実施され、教科道徳がとうとう全面実施となりました。

「特別の教科　道徳」の見過ごせない大きな問題点は、一つの内容項目（価値項目）を授業の中で、落とし込む・教え込むとされていることです。どんなに「素晴らしい話」「尊い教え」であったとしても、その考え方や教えを「わかりましたか」と問い、強制することはあり得ません。しかし「特別の教科　道徳」は教材のねらう内容項目と違った捉えをすることを認めません。「22の内容項目についてすべて指導すべし」という文科省の指示は、一つの授業で一つの内容項目（価値項目）を教え込み、わからせることをねらっているのです。内容項目を落とし込むための意図を明確にした教科書を使って、授業を行うよう命じています。「わかりましたね」とねじ伏せるように一つの考え方、価値観を教え込み、強制しようとしているのです。

人には多様な考え方や価値観があるにもかかわらず、一つの価値観に落とし込もうとすることは思想統制です。「この考え方しかしてはいけない。その考え方は間違いだ」と教えるわけですから。戦前の「修身」「教育勅語」に象徴される、恥ずべき日本の歴史の現代版として「特別の教科　道徳」が立ち現れてきていることに深い危惧を覚えます。

そもそも学問的根拠もない「特別の教科　道徳」がなぜ、教育の世界に登場し威圧的にのさばろうとしているのでしょうか。学問的根拠があり、科学的であるからこそ教育です。それがないにも関わらず、強力な強制を伴って始まったということは「国がある強力な意図をもって、人々を動かそうとしている」のだということに間違いありません。子どもたち、教師を支配統制しようとしているこの動きは、戦後の最大の教育の危機ではないでしょうか。教育の自由がなくなった時、学問の自由もなくなります。人々が自由にものを考え思考することを許さない、恐ろしい思想統制の時代が迫っているということです。

それも教育現場での日々の多忙化をすすめ、教師がそのことによって疲弊している今の時代を逆手に取り、教科書を使って指示通りの授業が進めるように仕組まれているのです。

昨年出版した『どうする？　これからの道徳教育』に続き、今回は中学校の教科書に記載された教材に「特別の教科　道徳」にどのようなもくろみが表れているのか、教材分析・授業の展開を、おもに「いじめ」と「ジェンダー」の視点から提起しました。道徳の教材についての分析は、これに留まるものではないことは言うまでもありません。さらに多面的な視点で批判分析し、平和的に生きる、人権が尊重される社会にふさわしい道徳性をめざし、みなさんと力を合わせ追究していきたいと思います。

危機の時代は新しい時代を、その矛盾の中に内包しています。危機を新たな人々の平和・平等の時代として切り開いていくことが、子どもたちに対しての教師、大人の責務です。共に立ち向かっていきましょう。

本書をまずはみなさんに読んでいただき、感想や批判をいただきたいと思います。そして、「私たちが願う子どもたちの道徳性、倫理、マナー」をどう育んでいくのかを、さらに考え深めていきたいと思います。

最後になりましたが、今回もまた、企画を支え励ましていただいたクリエイツかもがわの田島英二さんに心から感謝申し上げます。

二〇一九年八月

今関　和子

「教科道徳」を考えるための参考文献

〈いじめ関連〉

・大津市立中学校におけるいじめに関する第三者調査委員会『調査報告書』（２０１３）
・森田洋司『いじめとは何か――教室の問題、社会の問題』（中公新書、２０１０年）
・荻上チキ『いじめを生む教室――子どもを守るために知っておきたいデータと知識』（ＰＨＰ新書、２０１８年）
・小森美登里『遺書――私が15歳でいじめ自殺をした理由』（ＷＡＶＥ出版、２０１４年）
・中井久夫『いじめのある世界に生きる君たちへ――いじめられっ子だった精神科医の贈る言葉』（中央公論社、２０１６年）
・楠凡之『いじめと児童虐待の臨床教育学』（ミネルヴァ書房、２００２年）
・楠凡之『虐待・いじめ　悲しみから希望へ』（高文研、２０１３年）
・楠凡之『発達障害といじめ・暴力――自己肯定感を育む子ども集団づくり』（クリエイツかもがわ、２００８年）
・全国生活指導研究協議会「いじめブックレット」編集プロジェクト『いじめ・迫害――子どもの世界に何が起きているか』（クリエイツかもがわ、２０１３年）
・全国生活指導研究協議会『いじめを子どもと乗り越える』（『生活指導』２０１３年2月・3月号№７０６、高文研）
・藤川大祐『道徳教育はいじめをなくせるのか――教師が明日からできること』（ＮＨＫ出版、２０１８年）
・内藤朝雄・荻上チキ『いじめの直し方』（朝日新聞出版、２０１０年）

〈ジェンダー関連〉

・岡野八代『フェミニズムの政治学――ケアの倫理をグローバル社会へ』（みすず書房、２０１２年）
・ジュディス・L・ハーマン『心的外傷と回復』（みすず書房、１９９６年）
・世界経済フォーラム『第13回グローバルリスク報告書２０１８年度版』（２０１８年）
・ベル・フックス『フェミニズムはみんなのもの――情熱の政治学』（新水社、２００３年）

・チママンダ・ンゴズィ・アディーチエ『男も女もみんなフェミニストでなきゃ』（河出書房新社、２０１７）
・原ミナ汰・土肥いつき『にじ色の本棚――ＬＧＢＴガイドブック』（三一書房、２０１６年）
・北原みのり『日本のフェミニズム』（河出書房新社、２０１７年）
・橋本紀子・池谷壽夫・田代美江子『教科書にみる世界の性教育』（かもがわ出版、２０１８年）
・全国高校生活指導研究協議会『高校生活指導――18歳を市民に』（教育実務センター、２０１６年２０２号　特集「性の多様性と学校教育」）
・全国高校生活指導研究協議会『高校生活指導――18歳を市民に』（教育実務センター、２０１８年２０６号　特集２「生徒の人権があぶない！」）
・姫野カオルコ『彼女は頭が悪いから』（文藝春秋、２０１８年）
・伊藤詩織『Black Box』（文藝春秋、２０１７年）
・酒井順子『男尊女子』（集英社、２０１７年）
・ジャッキー・フレミング『問題だらけの女性たち』（河出書房新社、２０１８年）
・朝日新聞「女子組」取材班『オトナの保健室――セックスと格闘する女たち』（集英社、２０１８年）
・牧野あおい『さよならミニスカート』（集英社、２０１８年）
・島沢優子『桜宮高校バスケット部体罰事件の真実――そして少年は死ぬことに決めた』（朝日新聞出版、２０１４年）
・チョ・ナムジュ『82年生まれ、キム・ジヨン』（筑摩書房、２０１８年）
・奥田祥子『男という名の絶望――病としての夫・父・息子』（幻冬舎新書、２０１６年）
・宮本節子『ＡＶ出演を強要された彼女たち』（ちくま新書、２０１６年）
・小川たまか『「ほとんどない」ことにされている側から見た社会の話を。』（タバブックス、２０１８年）

〈道徳教育全般〉
・大和久勝・今関和子『どうする？これからの道徳――「教科」道徳への対抗軸を探る』（クリエイツかもがわ、２０１８年）

・全国生活指導研究協議会『生活指導』（高文研　２０１４年８・９月号　特集「道徳の教科化にどう立ち向かうか」）
・全国生活指導研究協議会『生活指導』（高文研　２０１６年８・９月号　特集「道徳教育を考える」）
・全国生活指導研究協議会『生活指導』（高文研　２０１８年６・７月号　特集「集団づくりは道徳教育にどう取り組むのか」）
・民主教育研究所『人間と教育』（旬報社、２０１８年夏、特集「焦点としての『家族』…新自由主義と家族像」）
・民主教育研究所『人間と教育』（旬報社、２０１９年春、特集「今、道徳教育を問う」）
・教育科学研究会『教育』（かもがわ出版、２０１７年10月号　特集「どうする教科道徳」）
・藤田昌士『道徳教育　その歴史・現状・課題』（エイデル研究所、１９８５年）
・佐貫浩『道徳性の教育をどう進めるか――道徳の「教科化」批判』（新日本出版、２０１５年）
・佐貫浩『現代をどうとらえ、どう生きるか――民主主義、道徳、政治と教育』（新科学出版社、２０１６年）
・寺脇研『危ない「道徳教科書」』（宝島社、２０１８年）
・宮澤弘道・池田賢市『「特別の教科　道徳」ってなんだ？――子どもの内面に介入しない授業評価の実践例』（現代書館、２０１８年）
・碓井敏正『教科化された道徳への向き合い方』（かもがわ出版、２０１７年）
・高橋陽一・伊藤毅『道徳科教育講義』（武蔵野美術大学出版局、２０１７年）
・藤田昌士・奥平康照、教育科学研究会「道徳と教育」部会編『道徳教育の批判と創造――社会転換期を拓く』（２０１９年、エイデル研究所）
・渡辺雅之『道徳教育のベクトルを変える』（高文研、２０１８年）
・堀越英美『不道徳お母さん講座――私たちはなぜ母性と自己犠牲に感動するのか』（河出書房新社、２０１８年）
・越野章史『市民のための道徳教育――民主主義を支える道徳の探究』（部落問題研究所、２０１６年）
・古川雄嗣『大人の道徳――西洋近代思想を問い直す』（東洋経済新報社、２０１８年）
・貝塚茂樹・西野真由美他『特別の教科　道徳Ｑ＆Ａ』（ミネルヴァ書房、２０１６年）
・河野哲也『道徳を問いなおす――リベラリズムと教育のゆくえ』（ちくま新書、２０１１年）

・北野武『新しい道徳――「いいことをすると気持ちがいい」のはなぜか』（幻冬舎、２０１５年）
・パオロ・マッツァリーノ『みんなの道徳解体新書』（ちくまプリマー新書、２０１６年）
・鄭雄一『東大理系教授が考える――道徳のメカニズム』（ベスト新書、２０１３年）
・森口朗『誰が道徳を殺すのか――徹底検証「特別の教科　道徳」』（新潮新書、２０１８年）
・梶谷真司『考えるとはどういうことか――0歳から１００歳までの哲学入門』（幻冬舎新書、２０１８年）
・小川仁志『「道徳」を疑え！――自分の頭で考えるための哲学講義』（ＮＨＫ出版新書、２０１３年）
・菅野仁『友だち幻想――人と人とのつながりを考える』（ちくまプリマー新書、２００８年）
・子どもと教科書全国ネット21『道徳の教科化でゆがめられる子どもたち　徹底批判!!「私たちの道徳」』（合同出版、２０１４年）
・小沢牧子・長谷川孝『「心のノート」を読み解く』（かもがわ出版、２００３年）
・本田由紀・伊藤公雄『国家がなぜ家族に干渉するのか――法案・政策の背後にあるもの』（青弓社、２０１７年）
・木村涼子『家庭教育は誰のもの？――家庭教育対策法はなぜ問題か』（岩波ブックレット、２０１７年）
・中里見博他『右派はなぜ家族に介入したがるのか――憲法24条と9条』（大月書店、２０１８年）

●著者PROFILE

大和久　勝（おおわく　まさる）……第１章

1945年東京生まれ。1968年早稲田大学教育学部卒業2005年まで東京都の小学校教諭。大学講師を経て、現在、日本生活指導研究所所長。全国生活指導研究協議会研究全国委員。

主な著書に、『アパッチの旗』（明治図書）、『「ADHD」の子どもと生きる教室』（新日本出版社）、『共感力―「共感」が育てる子どもの「自立」』（同）、『困った子は困っている子』（クリエイツかもがわ）、『発達障害の子どもと育つ―海ちゃんの天気今日は晴れ」（同）、『対話と共同を育てる道徳教育』（同）、『どうする？　これからの道徳―「教科」道徳への対抗軸を探る』（同）他多数。

今関　和子（いまぜき　かずこ）……第３章

日本女子大学文学部史学科卒業。東京都の小学校教諭を経て現在は大学講師。

全国生活指導研究協議会常任委員。日本生活指導研究所所員。

主な著書に『保護者と仲よくする5つの秘訣―子どもの生きづらさ、親の生きづらさに寄り添う』（高文研）、共著に『困った子は困っている子』（クリエイツかもがわ）、『困った子と集団づくり』（同）、『対話と共同を育てる道徳教育』（同）、『どうする？　これからの道徳―「教科」道徳への対抗軸を探る』（同）など。

笠原　昭男（かさはら　あきお）……第２章

2016年３月まで埼玉県内の中学校教諭（社会科）。現在は大学講師。全国生活指導研究協議会常任委員会代表。埼玉県生活指導研究協議会常任委員。

主な著書に『子どもの未来を拓く生活指導・特別活動』（ＤＴＰ出版）、『シリーズ教師のしごと３　生活指導と学級集団づくり　中学校』（共著、高文研）、『子ども・親・教師による三者協議会の試み』（共著、エイデル研究所）、『メッセージ・学級集団づくり10　中学校１年』（共著、明治図書）など。

いじめ・ジェンダーと道徳教科書

どう読む、どう使う

2019年8月31日　初版発行

著　者●ⓒ大和久勝・今関和子・笠原昭男

発行者●田島英二

発行所●株式会社 クリエイツかもがわ

〒601-8382　京都市南区吉祥院石原上川原町21

電話 075(661)5741　FAX 075(693)6605

URL　http://www.creates-k.co.jp

info@creates-k.co.jp

郵便振替　00990-7-150584

ISBN978-4-86342-270-4 C0037